___________ 학교 ____ 학년____반___________ 의 책이에요.

전 세계가 인정한 우리의
세계유산

세계유산이란, '세계유산협약'에 따라 인류 전체를 위해 보호해야 할 가치가 있다고 인정되는 세계 여러 나라의 유산 가운데 유네스코에 등록된 유산을 말해요.

최근 전 세계적으로 자연재해나 전쟁 등으로 파괴될 위기에 처한 인류의 유산이 늘어나고 있어요. 이를 미리 방지하고 보호하고자 1978년부터 유네스코의 세계유산위원회에서는 보호해야 할 가치가 있는 유산들을 세계유산으로 지정하고 있답니다.

인류 전체를 위해 보편적인 가치가 있다고 인정하는 유산을 중심으로 지정하다 보니, 각 나라의 문화와 역사를 대표하는 유산인 경우가 많아요. 따라서 각 나라의 세계유산을 알아보는 일은 곧 그 나라의 고유한 문화를 알 수 있는 지름길이지요.

우리나라는 현재 석굴암과 불국사, 해인사 장경판전, 종묘, 창덕궁, 수원 화성, 경주역사유적지구, 고창·화순·강화 고인돌유적, 제주 화산섬과 용암동굴, 조선왕릉, 한국의 역사마을 : 하회와 양동, 남한산성, 백제역사유적지구, 산사 한국의 산지승원, 한국의 서원이 등재되어 있답니다. 그리고 세계기록유산으로는 훈민정음, 조선왕조실록, 직지심체요절, 승정원일기, 조선왕조 의궤, 해인사 고려대장경판 및 제경판, 동의보감, 일성록, 5·18민주화운동 기록물, 난중일기, 새마을운동 기록물, 한국의 유교책판, KBS특별생방송 '이산가족을 찾습니다' 기록물, 조선왕실 어보와 어책, 국채보상운동 기록물, 조선통신사 기록물이 등재되었어요.

또한 인류무형문화유산으로는 종묘제례 및 종묘제례악, 판소리, 강릉단오제, 강강술래, 남사당놀이, 영산재, 제주칠머리당 영등굿, 처용무, 가곡, 대목장, 매사냥, 줄타기, 택견, 한산모시짜기, 아리랑, 김장문화, 농악, 줄다리기, 제주해녀문화가 있답니다.

이 책에서는 우리나라의 세계무형유산 중 하나인 '판소리'에 대해 알아볼 거예요.

세계문화유산

종묘

수원화성

창덕궁

고창 · 화순 · 강화의 고인돌유적

석굴암과 불국사

해인사 장경판전

경주역사유적지구

백제역사유적지구

세계기록유산

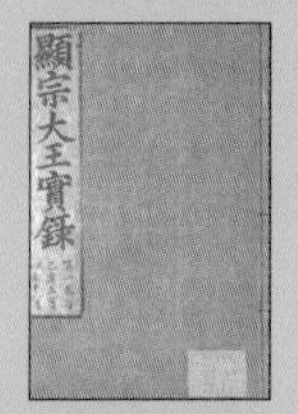

조선왕조실록

승정원일기

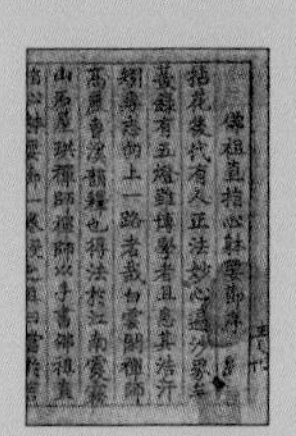
직지심체요절

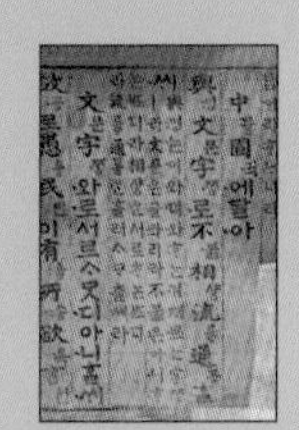
훈민정음

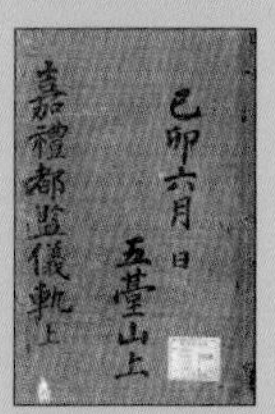

조선왕조 의궤

해인사 고려대장경판과 제경판

동의보감

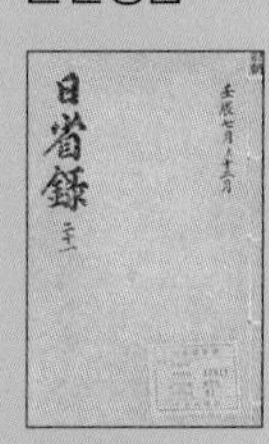

일성록

세계무형유산

종묘제례와 제례악

판소리

강릉단오제

세계자연유산

제주 화산섬과 용암동굴

신나는 교과 체험학습 57

세상에서 가장 긴 우리의 극적인 노래 판소리

초판 1쇄 발행 | 2008. 2. 27.
개정 3판 4쇄 발행 | 2023. 11. 10.

글 이영일 | **그림** 우연이

발행처 김영사 | **발행인** 고세규
등록번호 제 406-2003-036호 | **등록일자** 1979. 5. 17.
주소 경기도 파주시 문발로 197(우10881)
전화 마케팅부 031-955-3100 | 편집부 031-955-3113~20 | 팩스 031-955-31111

값은 표지에 있습니다.
ISBN 978-89-349-8688-1 64000
ISBN 978-89-349-8306-4 (세트)

좋은 독자가 좋은 책을 만듭니다. 김영사는 독자 여러분의 의견에 항상 귀 기울이고 있습니다.
전자우편 book@gimmyoung.com | 홈페이지 www.gimmyoungjr.com

어린이제품 안전특별법에 의한 표시사항

제품명 도서 **제조년월일** 2023년 11월 10일 **제조사명** 김영사 **주소** 10881 경기도 파주시 문발로 197
전화번호 031-955-3100 **제조국명** 대한민국 ⚠**주의** 책 모서리에 찍히거나 책장에 베이지 않게 조심하세요.

세상에서 가장 긴 우리의 극적인 노래

판소리

글 이영일 그림 우연이

주니어김영사

차례

판소리를 찾아 떠나기 전에

판소리는 세계가 인정한 우리의 소리예요. 그렇다면 판소리는 과연 무엇일까요? 이 책에 들어가기 전에 판소리에 대해 자세히 소개한 인터넷 사이트를 방문해 보세요. 아마 판소리가 더욱더 쉽게 느껴질 거예요.

국립국악원박물관

국악원박물관은 우리 음악의 역사와 문화를 한눈에 보고 느낄 수 있도록 국악 관련 자료를 전시하고 있어요. 악기와 귀중 도서, 영상 자료를 볼 수 있고 소리를 들을 수 있지요. 입체 영상실에서는 우리 음악을 주제로 한 3D 입체 애니메이션을 상영하고 있어요. 국악 체험실에서는 국악기를 직접 배우고 연주해 볼 수도 있답니다.

관람시간 오전 10시 ~ 오후 6시(월요일과 1월 1일 휴관)

홈페이지 www.gugak.go.kr **문의** 02-580-3130

한국전통소리문화

전라북도에서는 2007년 10월에 한국 고유의 전통 소리와 문화를 한눈에 볼 수 있는 인터넷 사이트인 코리아 뮤직을 열었어요. 이 곳은 지식/소리마당, 악기/음원마당, 공연/경연마당, 자료마당, 어울리마당 등 5개 테마로 이루어져 있어요. 전통 소리를 소개하는 '소리골'과 '소리청', 동영상과 악보를 보고 배울 수 있는 '배움터' 등의 프로그램이 마련되어 있지요. 특히 4 000여 편의 공연 영상을 비롯해 전문가의 해설과 판소리 다섯 마당을 볼 수 있어 우리나라의 전통 소리를 이해하는 데 많은 도움이 될 거예요.

홈페이지 www.koreamusic.org

어린이마당

한국전통소리문화 홈페이지에는 어린이마당이 따로 있어요. 어린이마당에서는 어린이들이 잘 모르고 있는 전통 음악에 대한 다양한 지식을 얻을 수 있어요. 체험마당에서는 동영상을 통해 판소리뿐만 아니라 전통 음악 공연을 볼 수 있고, 직접 소리를 작곡할 수도 있어요. 그리고 동영상을 통해 장단을 배울 수 있답니다.

세계무형유산으로 등재된 판소리

한 사람이 여러 사람들 앞에서 노래를 부르듯이 이야기를 이어 나가고, 옆에서 또 한 사람은 북을 치며 장단을 맞추는 모습을 본 적이 있을 거예요. 무엇을 하는 걸까요? 바로 판소리 공연이랍니다.

판소리는 우리나라의 시대적 정서를 잘 표현한 전통 예술로 꼽혀요. 삶의 희로애락을 음악과 함께 해학적으로 표현하며 청중도 참여하는 독특한 음악이거든요.

판소리는 이런 독창성과 우수성을 세계적으로 인정 받아 2003년 11월 7일 유네스코 제2차 '인류구전 및 무형유산 걸작'으로 선정되었답니다. 판소리에 대한 가치를 세계에서도 인정한 것이지요.

그렇다면 우리가 가만히 있어서는 안 되겠지요. 세계적으로 인정 받은 판소리를 지금부터 배워 볼까요?

판소리의 문을 두드려요

여러분에게는 '판소리'가 아마 낯설게 느껴질 거예요. 특히 요즘처럼 랩이나 힙합 같은 음악에 익숙한 여러분에게는 말이지요. 하지만 판소리는 세계적으로 인정 받은 우리의 극적인 노래예요. 이런 판소리에 대해 여러분은 얼마나 알고 있나요? 지금부터 판소리에 가까이 가 봐요. 여러분도 판소리의 매력에 푹 빠지게 될 거예요.
자, 그럼 판소리의 세계로 떠나 볼까요?

임방울제 赤壁歌
적벽가1
수궁
이일주 창 춘향가 고수 이성근
① 결연편
신나라
SYN-NARA
INTERNATIONAL

판소리란 무엇인가요?

할머니가 옛날 이야기를 들려주면 재미있지요? 그런데 이것을 더 극적으로 꾸며서 노래와 몸짓을 섞어가며 들려준다면 어떨까요? 판소리란 소리꾼 한 사람이 노래를 부르거나 다양한 역할을 해 가며, 이야기를 흥미진진하게 들려주는 전통 공연 예술이랍니다.

일반 백성들은 이 판소리를 무척이나 좋아했어요. 그 이야기에는 자신들의 삶의 애환과 소망, 그리고 삶을 헤쳐 나갈 지혜가 담겨 있었기 때문이에요. 이야기의 대목대목을 더욱 실감나고 생생하게, 그리고 예술적으로 표현할수록 소리꾼들은 사람들에게 더욱 환영받았지요. 그래서 유명한 소리꾼이 온다는 소식을 들으면 소리를 듣기 위해서 많은 사람들이 몰려들었어요. 그리고 소리꾼 앞에는 많은 비단들과 돈이 쌓였고요.

판소리가 현재의 모습을 갖추게 된 것은 조선 시대 숙종·영조 무

〈평양도〉 중 '명창 모흥갑 판소리도'
평양감사 부임 환영 행사를 그린 열 폭의 병풍 가운데 일부예요. 명창 모흥갑이 가운데서 고수의 장단에 맞춰 소리를 하고 있어요.

렵으로 보고 있어요. 판소리로 선택된 최초의 작품은 〈춘향전〉이에요. 그 외에 여러분이 잘 알고 있는 〈심청전〉 〈흥보전〉 〈별주부전〉 〈적벽가〉 등이 있지요. 그럼 '판소리'라는 말은 어떻게 해서 생겨났을까요?

판소리는 종합예술

판소리는 세계에서 가장 긴 전통 노래예요. 판소리 중에서 가장 긴 춘향가는 전부 부르는 데 8시간 정도 걸린답니다. 또한 판소리는 사람의 목소리로 하는 성악 예술 중에서 매우 풍부한 발성법과 기교와 음색, 그리고 공연 기술로 표현되는 종합적인 예술이라고 할 수 있지요.

판소리라는 말은 어떻게 생겨났을까?

판소리는 '판'이라는 말과 '소리'라는 말이 합쳐서 생겼어요. '판'이라는 말은 '굿판', '씨름판', '노름판'에서 보듯이 '일이 일어난 자리'라는 뜻이에요. '판이 깨지다.'나 '한판 벌이다.'에서처럼 여러 사람이 참여하여 이루어지는 행위라는 뜻이 담겨 있지요.

그리고 '소리'란 넓게는 물 소리, 바람 소리, 새 울음 소리 등 자연의 모든 소리를 뜻해요. 여기에서는 사람의 목소리를 가리켜요. 따라서 판소리는 사람의 목소리로 삼라만상의 소리를 표현한다는 의미를 가지고 있지요.

삼라만상
우주 사이에 펼쳐져 있는 온갖 사물과 현상을 말해요.

따라서 판소리라는 말에는 소리를 하는 소리꾼, 북 장단을 치는 고수, 그리고 소리를 감상하는 청중 모두가 어우러지며 공연을 만들어가는 예술이라는 의미가 담겨 있답니다.

판을 벌이는 사람들
판은 춤판, 놀이판, 난장판 등 다양한 모습으로 나타나지요. 옛날 판소리는 사람들이 많이 모이는 장터에서 다른 놀이와 함께 선보였어요.

판소리는 언제부터 불렀나요?

판소리를 언제, 누가, 어떻게 부르기 시작했는지 정확히 알 수는 없어요. 판소리는 '긴 이야기를 노래로' 불러야 하기 때문에 판소리를 만들기 위해서는 먼저 판소리의 바탕이 되는 이야기가 있어야 해요.

판소리의 근원이 되는 이야기를 근원설화라고 하는데, 이것은 아주 오래 전부터 우리 민족 사이에 전해 내려온 것들이지요. 수궁가의 근원설화는 《삼국사기》에 실려 있는 '토끼와 거북이 이야기'이고, 심청가의 근원설화는 《삼국사기》에 있는 '효녀 지은'이랍니다. 그러나 판소리는 하나의 설화가 아니라 여러 가지 설화가 합쳐져 만들어졌다고 하는 것이 맞아요. 여러 가지 이야기가 섞여 길고 복잡한 이야기가 되었다고 보기 때문이지요.

문헌을 통해서 판소리의 존재를 알 수 있는 최초의 시점은 조선 시대의 임금 영조 무렵으로 알려져 있어요. 영조 때 사람인 만화재 유진한의 문집인 만화집 가운데 '가사 춘향가 200구'가 실려 있는데, 이것이 현재 문헌으로 확인할 수 있는 판소리에 관한 가장 오래된 기록이에요. 그 이후에는 1940년대에 나온 〈조선창극사〉를 들 수 있어요.

만화본 춘향가

오늘날 전하는 판소리 작품 중 가장 오래된 것이에요. 1754년에 만화재 유진한이 호남 지방을 유람하면서 산천 문물을 관람하고 돌아와 지었답니다.

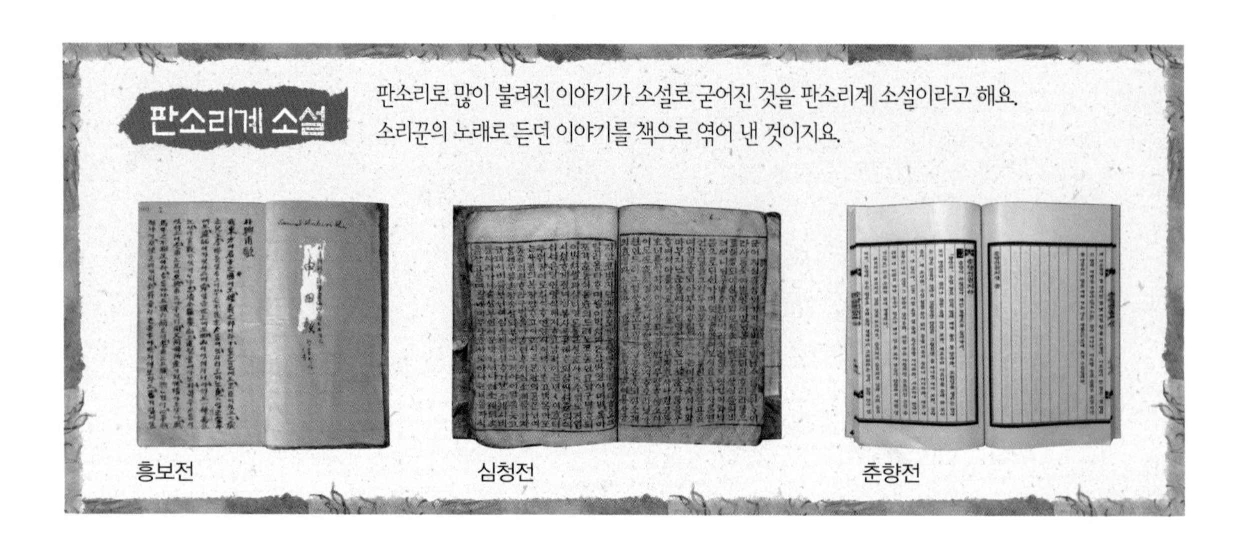

흥보전 심청전 춘향전

만화본 춘향가의 내용은 현재의 〈춘향가〉와 거의 같아요. 긴 이야기를 짧은 한시로 번역했기 때문에 자세한 내용은 알 수 없으나, 이야기의 줄거리와 등장인물은 현재의 것과 차이가 없어요. 따라서 판소리는 이미 18세기 중반 이전인 17세기 말경부터 불려지기 시작했다고 볼 수 있지요.

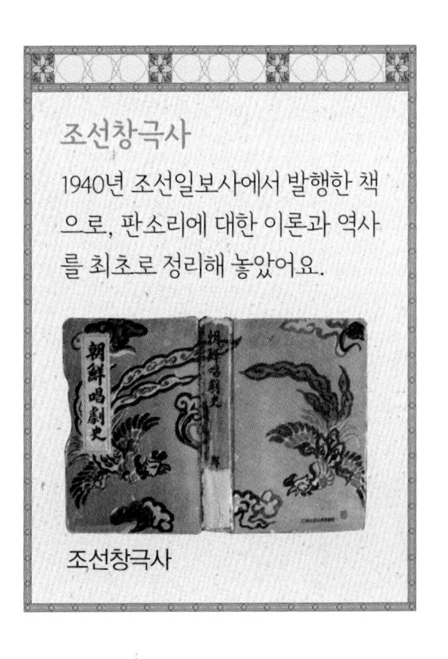

조선창극사

1940년 조선일보사에서 발행한 책으로, 판소리에 대한 이론과 역사를 최초로 정리해 놓았어요.

조선창극사

판소리를 지어 불렀던 소리광대

예부터 우리나라에서는 해마다 하늘과 땅에 깃든 신들에게 제사를 지냈어요. 나라가 태평성대하고 온 백성이 복을 받고, 농사가 잘 되기를 비는 마음으로요. 이런 제사는 온 백성이 함께 즐기는 국가적인 의식이었어요. 고려 시대까지는 나라의 종교인 불교와 관련된 팔관회 같은 행사가 이어졌고, 조선 시대에는 '나례'라 하여 귀신을 쫓고 나라의 안녕과 복을 비는 의식 등이 있었지요.

팔관회 통일 신라와 고려 때 중경과 서경에서 토속신에게 제사 지내던 의식이에요.

나례와 같은 큰 행사가 열리면 행사장에 커다란 무대를 만들었는데, 이것을 '산대'라고 했어요. 각종 놀이나 연회들이 이 산대나 그 주변

국태민안 시화년풍 연연히 돌아든다
아, 태조대왕 등극시에 봉황이 넌칫 생겼구나
한강수 수구막아 여천지 무궁이라
만복을 구할 적에 봉황이 넌칫 생겼구나
당상부모를 모셔놓고 슬하자손 거느리고
작년같은 해우년은 꿈결잠시 다보내고
만사는 대길이요 백사가 여일하니
맘과 뜻과 잡순대로 소원성취를 발원하여
태평성대 잘사실제…….

소리 광대
여러 가지 재주를 가진 광대들 가운데 특히 음악적 재능이 뛰어난 광대를 소리 광대라고 했어요.

예산대

한길 또는 빈 터에 대를 높이 쌓고, 그 위에서 연극 등을 할 수 있게 임시로 만든 무대예요. 산기슭이나 그 근처에서 할 때는 높은 자리를 그대로 이용하고 따로 시설을 만들지 않았답니다.

에서 펼쳐졌고, 임금에서부터 일반 백성까지 모두가 함께 보고 즐겼어요. 이 때 노래를 담당하는 광대를 '소리 광대'라고 했어요. 이들은 역대 왕조의 치국에 대한 풀이와 산의 모양이 명당인지에 대한 산세 풀이를 노래로 불렀어요. 그리고 집안이 번창하고 자손만대가 복을 받으라는 축원 내용을 담은 노래를 불렀답니다.

바로 이 노래를 부르는 소리 광대들이 판소리를 처음으로 만들어 불렀답니다. 그렇다면 이 사람들은 누구였을까요?

이 사람들은 단군 시절부터 하늘에 제사지내는 일을 담당했던 사람들이랍니다. 이들은 집안내림으로 내려오는 '무속 신앙'으로 마을 사람들의 복을 빌어주다가 나라에 큰 행사가 있으면 나라의 부름을 받아 국가적인 의식에 참여했어요. 이들은 처음에는 신분이 높았지만 점점 낮아져 조선 시대에는 '광대'라고 천대받기도 했어요. 그러나 나라에서는 이 사람들이 꼭 필요했지요. 음률에 능통하고 신묘한 재능을 지니고 있어서 이들이 아니면 하늘에 제사를 지낼 수 없었거든요.

사람들 사이에는 예부터 전해 내려오는 백성들의 삶과 애환을 담은 이야기가 있었어요. 이 이야기에는 삶의 역경을 헤쳐나가는 해학과

여기서 잠깐!

명창을 찾아라!

열 폭짜리 병풍 〈평양도〉 중 둘째 폭으로, 명창 모흥갑이 대동강 능라도에서 소리를 하는 그림이에요. 명창을 찾아 동그라미를 그려 보세요.

도움말 북을 치고 있는 고수 앞에 서 있으며 손에 부채를 든 사람이에요.

☞ 정답은 56쪽에

지혜가 담겨 있었고, 이들은 재능을 이용해 이야기를 대목대목 생생하게 표현해서 일반 백성들에게 들려주었어요. 그리하여 지금과 같은 창(노래), 아니리(말), 발림(너름새, 몸짓이나 연극적인 동작)으로 이루어진 판소리가 탄생했지요.

조선 시대 후기에는 양반까지도 판소리를 좋아하게 되었어요. 판소리에는 대문장가들의 예술과 어깨를 나란히 할 정도로 높은 수준의 예술적 세계가 담겨 있었고, 어려운 철학이나 개념 대신 역동적인 삶의 드라마가 펼쳐져 있었거든요.

소리를 잘하는 광대는 나라의 큰 행사가 있거나 외국에서 사신이 와서 잔치를 베풀 때, 높은 벼슬아치가 새로 부임했을 때, 장원급제한 집에서 잔치를 하거나 회갑연을 할 때, 명절이나 백중, 단옷날이 되면 수많은 사람들 앞에서 판소리를 불렀어요.

소리 광대들은 사람들 앞에서 공연을 할 때면, 갈고 닦은 소리 실력과 연기 실력으로 이야기의 상황과 속뜻을 때로는 슬프게, 때로는 거리낌 없이 노래로 부르고 이야기를 이어 나가며 사람들을 웃기기도 하고 애를 태우기도 했답니다. 이 때부터 소리를 잘 하는 사람을 '명창'이라고 했어요. 그 당시 명창들은 지금의 인기 가수들처럼 많은 사람들의 사랑을 받았어요. 그래서 훌륭한 명창의 집에는 소리를 배우러 오는 제자들이 많았지요. 하지만 소리를 배우는 과정이 너무 힘들어서 포기하는 사람들이 많았답니다.

판소리 다섯 마당을 만나요

판소리가 예부터 전해 내려오는 이야기를 노래 잘 부르는 소리 광대들이 노래로 지어 부르면서 시작되었다는 것을 잘 알았지요? 그럼 이렇게 시작된 판소리에는 무엇이 있을까요? 판소리가 처음에는 모두 열두 마당이었어요. 춘향가, 심청가, 흥보가, 수궁가, 적벽가, 변강쇠 타령, 옹고집 타령, 배비장 타령, 강릉매화 타령, 장끼 타령, 무숙이 타령, 가짜신선 타령 등이었지요. 그러나 지금까지 그 노래와 가사가 온전하게 전해져 오는 것은 춘향가, 심청가, 흥보가, 수궁가, 적벽가 다섯 마당뿐이에요.

나머지 일곱 마당은 노래로는 전해지지 않지만 여러 이야기 책에서 노래 가사나 줄거리는 전해 내려온답니다. 자, 지금부터 판소리 다섯 마당을 알아보아요.

판소리는 왜 다섯 마당이 되었나요?

변강쇠 타령, 옹고집 타령, 배비장 타령, 강릉매화 타령, 장끼 타령, 무숙이 타령, 가짜신선 타령은 매우 재미있고, 풍자적이며 해학적인 내용이었지만, 판소리가 양반층으로 확대되면서 외면당했어요. 노래가 너무 노골적이고 양반들의 도덕의식에 맞지 않았거든요. 그래서 성실, 충절, 청렴, 효도와 같은 도덕성을 갖춘 5바탕만이 전해지게 되었답니다.

여기서 **잠깐!**

짝지어 보세요.

판소리 다섯 마당인 춘향가, 심청가, 흥보가, 수궁가, 적벽가에는 각각 주제가 있어요. 알맞은 것끼리 짝지어 보세요.

춘향가	심청가	흥보가	수궁가	적벽가
부녀간의 지극한 효성을 이야기해요.	착한 인물은 복을 받고 나쁜 인물은 벌을 받아요. 형제간의 우애를 말해요.	신분을 넘은 남녀간의 사랑 이야기예요.	전쟁을 치르는 조조의 고통을 말해요. 전쟁으로 인한 민중의 고통을 말해요.	토끼와 자라를 통해 인간의 부족함을 이야기해요. 서로 속고 속이는 현실의 인간 관계를 이야기해요.

☞ 정답은 56쪽에

춘향가 판소리 한 마당

남원 기생 월매의 딸인 춘향과 남원 부사의 아들 이몽룡의 사랑에 관한 이야기예요. 두 사람은 단옷날 광한루에서 만나 서로 사랑하게 되지요. 오랫동안 서로 함께 하기로 하며 백년가약을 맺었으나 이몽룡이 아버지를 따라 서울로 가면서 두 사람은 이별을 하게 되어요. 하지만 춘향은 새로 부임해 온 사또 변학도로부터 온갖 고초를 당하면서도 이몽룡을 기다리는 마음은 변치 않았어요. 마침내 어사가 되어 남원에 온 이몽룡은 어사 출도를 하여 포악한 변학도를 처벌하고, 춘향과 사랑을 이루게 된다는 이야기예요. 그럼 춘향가 한 구절을 한번 읽어 볼까요?

조상현 창 춘향가 CD

이일주 창 춘향가 CD

춘향가 이도령과 성춘향이 서로 대화를 나누는 부분이에요.

도련님이 호걸 기남아로되 이런 일은 처음 당허는 일이라 가삼이 울렁울렁 두근두근 신사혈말이 콱 맥혔지 까딱하면 되맞일까 자칫하면 수빠질가 무한히 묵념타가 겨우 생각고 허는 말이,

"네 답서에 글 지어 보낸 것과 오다가 칠월편 읽는 소리를 들으니 아조 시 전집일러라."

춘향이 대답허되,

"밤 깊고 잠은 없어 읽기는 허였으나 뜻은 모르고 읽어요."

말을 한번 주고 받어 노니 도련님 그제야 말문이 열렸것다.

"너의 성과 나이는 방자에게 들었거니와 내 고향은 한양이오. 너 있는 곳 남원이라 경향이 멀었으니 소문도 서로 못들을데 사또 벼슬길이 허고 많은 부사 중에 남원 부사 오시기 공교한 일이오. 내 또한 출입 없다가 그날 광한루 구경간 일 굉교한 일이오. 네 들어앉은 처녀가 그날 화림 중에 추천헌 일 공교한 일이고 동갑으로 내시기도 천궁의 조화시니 우리 백년언약은 맺히고 꼭 맺히었지."

춘향이 어짜오되,

– 명창 오정숙 창, 〈춘향가〉 중에서

심청가 판소리 한 마당

심청가는 효를 주제로 한 이야기예요. 심청가의 주인공인 심청은 태어나자마자 어머니 곽씨를 잃고 눈 먼 아비 심학규의 젖동냥으로 겨우 자라지요. 나이가 들면서 심청은 아버지 대신 밥을 얻어 아버지를 봉양한답니다. 열다섯 살에 아버지의 눈을 뜨게 하려고 공양미 삼백 석에 몸을 팔아 인당수에 빠졌으나 하늘의 도움으로 환생하여 황후가 되어요. 황후가 된 심청은 아버지를 만나기 위해 맹인 잔치를 열어요. 그때까지 눈을 뜨지 못하고 고생하던 심봉사는 황후가 된 딸을 만나 마침내 눈을 뜨게 된다는 이야기예요. 심청가의 한 구절을 살펴볼까요?

김소희 창 심청가 CD

성우향 창 심청가 CD

심봉사가 황성으로 떠나는 내용을 부른 부분이에요.

지금 황제께옵서 맹인 잔치를 배설하셨는듸 만일 잔치에 불참허면 중벌을 면치 못할터인듸 어서 급히 올라가라 심봉사 이 말 듣고,
"천은 망극허사 이런 천한 맹인까지 바리시지 않고 찾으시니 금수라도 감동헐듸 하물며 사람으로서 왕명을 거역하오리까마는 황성을 가자 해도 노자 없이 못가겠오."
돈 이십량 내여주시거늘, 심봉사 좋아라 은자 이십량을 받아들고 저의 집으로 돌아오며 웬갖 생각을 두루 헌다.
"뺑덕이네를 어쩔그나 두고 간다해도 안 될테요 같이 따라가면 좋으련마는 마다하면은 어찌헐고 도르는 수가 옳다."
허고 저의 집 문전을 들어서고,
"여보소 뺑파 이거 어데 갔나. 뺑덕이네 집안 어른이 어디 갔다가 집안이라고 돌아오면 우루루루루루
쫓아나와서 영접허는 게 도리옳지, 좌면부동이 웬일인가 에라 이 사람 무정허네."
그때의 뺑파년은 그새의 뒷집 머슴을 후려다 무슨 이야기가 진진허여 문을 선듯 못여는듸
그때의 심봉사는 문앞에 바싹 들어서며,
"여보소 뺑파 살구값 들어가네 문열소."

– 명창 오정숙 창, 〈심청가〉 중에서

흥보가 판소리 한 마당

욕심 많고 심술궂은 형 놀부와 마음씨 착하고 우애 있는 아우 흥보 사이의 갈등을 다룬 이야기예요. 놀부는 부자로 살면서도 아우인 흥보를 내쫓는답니다. 형 집에서 쫓겨난 흥보는 여러 명의 식구와 고생을 하면서 살아요. 어느 날 흥보는 다리를 다친 제비를 치료해 주고 제비가 물어다 준 박씨를 심었어요. 그러자 그 속에서 보물이 쏟아져 나왔어요. 부자가 된 흥보를 보고 심술이 난 놀부는 억지로 제비 다리를 부러뜨렸고, 제비한테 보복을 당하지요. 그 후 놀부는 마음씨 착한 형이 되었다는 이야기예요. 그럼 흥보가 한 대목을 살펴보아요.

신영희 창 흥보가 CD

김연수 창 흥보가 CD

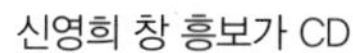

흥보가 흥보가 크게 열린 박을 톱으로 자르는 부분이에요.

"시르렁 실근 톱질이야. 에이여루 톱질이로고나. 몹쓸놈의 팔자로다 원수놈의 가난이로구나. 어떤 사람은 팔자 좋아 일대 영화 부귀헌디 이놈의 팔자는 어이 허여 박을 타서 먹고사느냐. 에이여루 당거주소. 이 박을 타거들랑 아무것도 나오지 말고 밥 한통만 나오느라 평생에 포한이로구나. 시르렁 시르렁 당거주소, 톱질이야. 시르렁 실근 당거주소, 톱질이야. 여보 마누라 톱 소리를 맞어주소."

"톱 소리를 내가 맞자해도 배가 고파 못맞겠오."

"배가 정 고프거든 허리띠를 졸라매고 에이여루 당거주소. 시르르르르르르르 시르르르르르르 시르렁 시르렁 실근 시르렁 실근 당거주소, 톱질이야. 큰자식은 곯여 먹고 박아질랑 부자집에다가 팔아다가 목숨 보명을 허여 볼거나 에이여루 톱질이로고나.

흥보 마누라 톱을 턱 놓으며 후유 박이 원체 커서 대숨에 못 키것소. 좀 쉬여가지고 탑시다.

"그럽시다."

"그런데 영감 우리가 일년 농사지은 박을 추수삼어 키면서도 장 신세타령만 허니 설움이 솟아 못타것오. 이번에는 다른 노래를 하면서 박을 탑시다."

– 명창 오정숙 창, 〈흥보가〉 중에서

수궁가(토별가) 판소리 한 마당

수궁가는 지혜로움을 이야기하고 있어요. 남해 용왕이 영덕전이라는 궁전을 새로 짓고 많은 손님들을 초청해서 즐긴 후에 병이 났어요. 그런데 토끼의 간을 먹어야 낫는다고 하자 별주부 자라를 뽑아 토끼의 간을 구하러 육지로 보내요. 고생 끝에 토끼를 만난 별주부는 토끼를 꾀어 수궁으로 데려와요. 벼슬을 시켜 준다는 말만 믿고 수궁으로 따라간 토끼는 그제야 자기가 속임수에 넘어갔음을 깨닫게 되지요. 하지만 토끼는 간을 빼 놓고 왔다고 용왕을 속이고 수궁을 빠져나와 살아남게 된다는 이야기예요. 그 대목을 한번 살펴볼까요?

얼쑤!
토끼의 꾀가
놀라운걸!

김연수 창 수궁가 CD

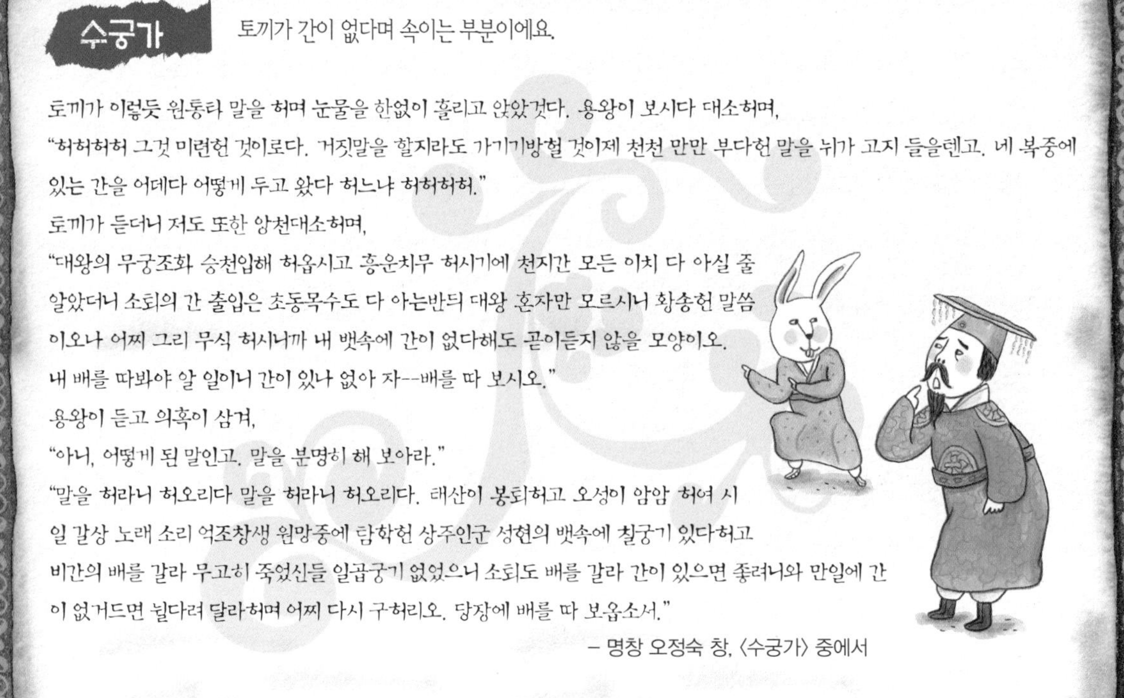

토끼가 간이 없다며 속이는 부분이에요.

토끼가 이렇듯 원통타 말을 허며 눈물을 한없이 흘리고 앉았것다. 용왕이 보시다 대소허며,
"허허허허 그것 미련헌 것이로다. 거짓말을 할지라도 가기기방헐 것이제 천천 만만 부다헌 말을 뉘가 고지 들을텐고. 네 복중에 있는 간을 어데다 어떻게 두고 왔다 허느냐 허허허허."
토끼가 듣더니 저도 또한 앙천대소허며,
"대왕의 무궁조화 승천입해 허옵시고 흥운치무 허시기에 천지간 모든 이치 다 아실 줄 알았더니 소퇴의 간 출입은 초동목수도 다 아는반듸 대왕 혼자만 모르시니 황송헌 말씀이오나 어찌 그리 무식 허시니까 내 뱃속에 간이 없다해도 곧이듣지 않을 모양이오.
내 배를 따봐야 알 일이니 간이 있나 없아 자--배를 따 보시오."
용왕이 듣고 의혹이 삼겨,
"아니, 어떻게 된 말인고. 말을 분명히 해 보아라."
"말을 허라니 허오리다 말을 허라니 허오리다. 태산이 붕퇴허고 오성이 암암 허여 시일 갈상 노래 소리 억조창생 원망중에 탐학헌 상주인군 성현의 뱃속에 칠궁기 있다허고 비간의 배를 갈라 무고히 죽었신들 일곱궁기 없었으니 소퇴도 배를 갈라 간이 있으면 좋려니와 만일에 간이 없거드면 뉠다려 달라허며 어찌 다시 구허리오. 당장에 배를 따 보옵소서."

– 명창 오정숙 창, 〈수궁가〉 중에서

적벽가 판소리 한 마당

다른 판소리는 모두 설화를 바탕으로 만들었지만 '적벽가'는 소설을 바탕으로 만들었어요. 그리고 등장 인물에 여자가 한 사람도 없다는 게 특징이지요. 기본 줄거리는 중국 소설 〈삼국지연의〉의 적벽대전을 중심으로 한 부분을 따왔어요. 그러나 자세한 부분은 우리의 실정에 맞게 새롭게 창작한 부분이 중심을 이루고 있어요. 유비와 관우, 장비가 의형제를 맺고 공명을 데려오려고 삼고초려를 하는 대목부터 적벽대전에서 공명이 동남풍을 이용해 조조의 군사를 물리치고, 마침내 관우가 조조를 사로잡았다가 놓아주는 대목까지를 판소리로 부른 것이에요.

임방울 창 적벽가 CD

저런, 조조가 불쌍하군!

적벽가 조조 군사들의 처참한 신세에 대해 탄식하는 부분이에요.

가련한 조조 신세 근근도생 도망을 가는데, 화염에 상헌장졸 살도맞고 창에 찔려 존보 헐길이 전혀 없네. 십전구도 겨우 걸어 이릉어구 당도허니 날이 장차 밝아지며 동남풍은 불식이라 검은 구름이 일어나며 구즌비는 퍼붓는데 반생반사 가는 장졸 우중에 불상허다. 호로곡을 당도허니 한수여을 나린 물결 이릉으로 다엇는데 적적산곡 청계상의,
"뭇노라 저 백구야 홍요월색이 어느곳고 어적수성이 적막헌데 너는 어이 한가허여 핍파창파 높이 떠 뉘 기약을 기다리며 나는 어이 분주허여 백만대병 몰사를 당하고 이러곤케 되었으니 아이고 이일을 어쩔그나 이놈의 노릇을 어이허며 천리 본국을 어이 갈거나."
이렇듯이 울음 울며 젖은 옷 혼탈 허여나 별에 걸어놓고 군사시겨 썩은 나무 꺾어다가 불놓아 어한허며,
"어, 추워 못가겠다. 화병시겨 밥이나 지어라."
중관이 대답허고,
"화병진지 지으랍신다."
"예."
허더니 깨어진 퉁로기를 짚수세미로 틀어막고 밥 앉히고 부쇠칠제 조금 있으니,
"화병."
"예."
"진지 빨리 지어라.""예, 인제 불 때오. 조금 있다가."

– 명창 오정숙 창, 〈적벽가〉 중에서

판소리의 소리도 가지가지

판소리를 들어 보면 모두 비슷해 보이지만 각기 다른 특징을 지닌 **유파**들이 있어요.

유파
주로 학문 분야나 예술 분야에서 생각이나 방법, 경향이 비슷한 사람이 모여서 이룬 무리를 말해요.

판소리 유파에는 동편제, 서편제, 중고제가 있어요. 동편제는 섬진강을 사이에 두고 동쪽 지역인 남원 · 순창 · 곡성 · 구례 등지에서 불리는 소리예요. 서편제는 섬진강의 서쪽 지역인 광주 · 나주 · 담양 · 화순 · 보성 등지의 소리를 말하지요.

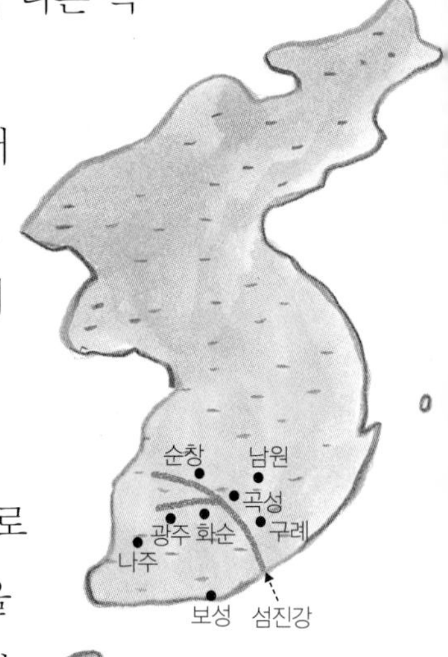

판소리는 섬진강을 중심으로 서쪽 지역과 동쪽 지역에서 다르게 불려졌어요.

동편제는 명창 송흥록의 소리 양식을 표준으로 삼았어요. 씩씩한 가락인 우조의 표현에 중점을 두고 감정 표현을 가능한 적게 하며, 장단은 '대마디 대장단'을 사용하여 기교를 부리지 않아요. 발성은 뱃속에서 위로 바로 뽑는 통성을 사용하여 엄하게 하며, 구절 끝마침을 되게 끊어 낸답니다.

동편제 판소리
섬진강 동쪽 지역을 중심으로 불리던 판소리를 담은 CD예요.

서편제는 순창 출신이며 보성에서 말년을 보낸 박유전의 소리 양식을 표준으로 삼았지요. 슬픈 가락인 계면조의 표현에 중점을 두며, 발성의 기교를 중시하여 다양한 기교를 부린답니다. 소리가 늘어지는 특징을 갖고 있으며, 장단은 '엇부침'이라 하여, 매우 기교적인 리듬으로 표현해요. 또한 몸 동작이 매우 세련되고 부드럽답니다.

섬진강

중고제는 충청도와 경기도 지역에 전승된 소리로, 송흥록과 같은 시기에 활동한 강경 출신 김상옥에서 출발했어요.

그러나 시간이 흐르면서 동편과 서편의 소리는 서로 어울리게 되었고, 자연스럽게 큰 차이가 나지 않게 되었지요. 하지만 훌륭한 명창들의 소리는 사람마다 그 기법이 조금씩 다르기 때문에 아직까지 유파의 전통은 남아 있답니다. 예를 들어, 동초제는 동편제의 우람한 소리와 서편제의 아련한 소리 등 판소리 유파의 좋은 점을 뽑아 김연수가 자신의 호를 따 붙인 거예요.

판소리 계보

'제'는 유파를 가리켜요. '제'에는 동편제 · 서편제 · 중고제가 있지요. '제'를 구분하는 기준은 전승 지역, 전승 계보, 음악적 특성이라고 할 수 있어요. 중고제는 현재 전승되는 완전한 바탕 소리가 없고, 부분적으로만 전승된답니다.

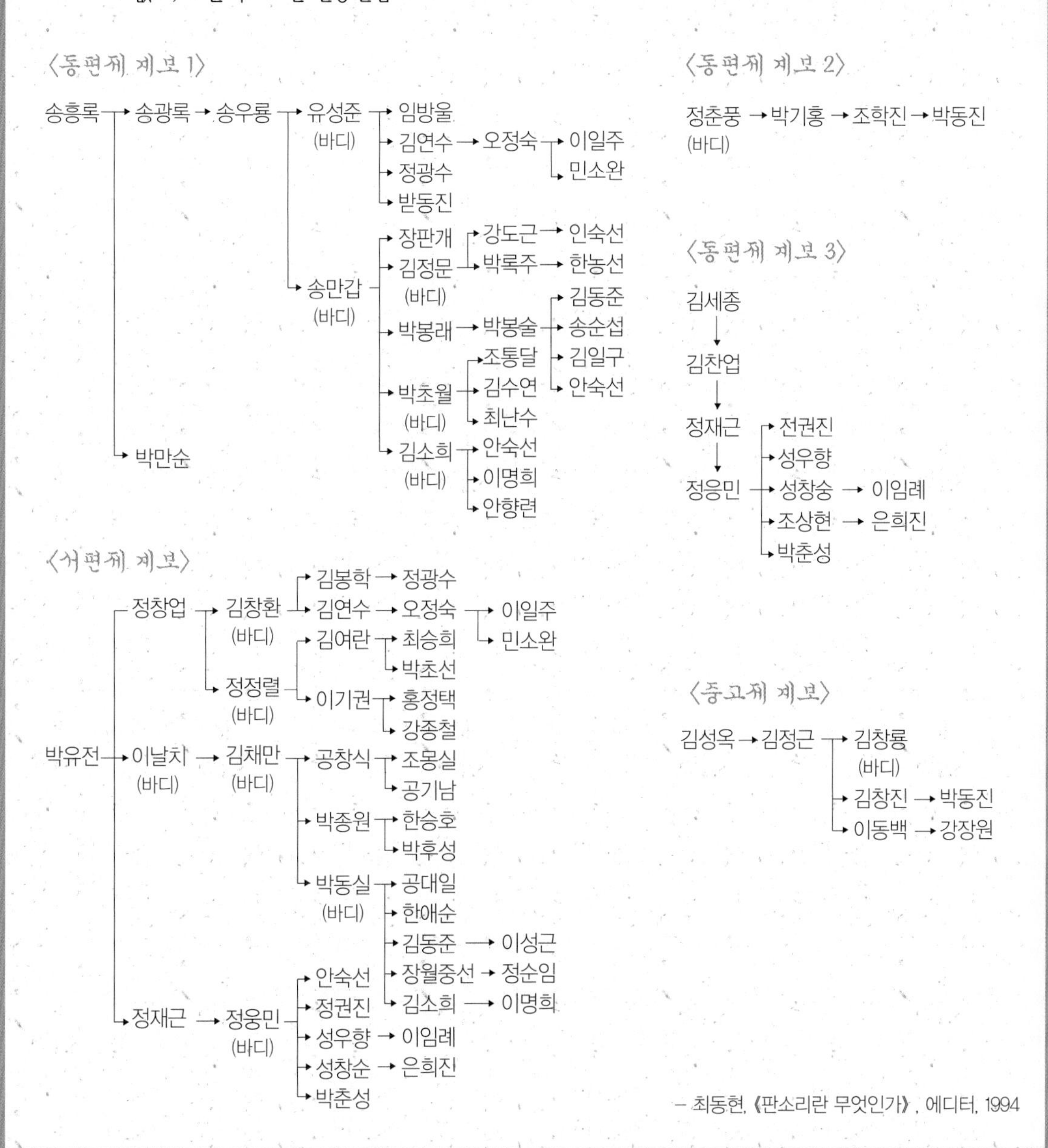

– 최동현, 《판소리란 무엇인가》, 에디터, 1994

어떻게 명창이 될까요?

소리꾼 중에서 특별히 소리를 잘하는 사람을 '명창'이라고 해요. 그런데 판소리를 하는 사람들의 목소리는 항상 탁하고 쉬어 있어요. 이런 목소리를 가져야만 소리를 자유자재로 장시간 이어 나갈 수 있기 때문이지요.

100일 공부

소리꾼은 목소리를 틔우기 위해 소리가 큰 폭포수 밑에서 연습을 해요. 100일 공부는 명창이 되기 위해 배운 소리를 100일 동안 익히는 과정을 말해요. 여기서 100일이란 꼭 100일은 아니고 소리를 얻게 되기까지 충분한 시간을 의미하지요.

소리를 하는 사람, 즉 명창들은 이런 목소리를 내기 위해 피나는 연습을 해요. 굴 속에 들어가 연습을 하거나 폭포수 밑에서 연습을 하지요. 왜냐하면 목소리가 폭포수 소리를 뚫고 나갈 정도로 연습을 해야 하기 때문이랍니다.

이처럼 연습을 너무 심하게 해서 성대가 상처를 입거나 파괴되기도 하고, 목구멍이 부어서 목소리를 낼 수 없게 되기도 하지요. 그래도 연습을 계속하면 상처가 났던 성대가 아물고 파괴되었던 성대가 그 소리에 필요한

소리에 매료돼요

판소리를 시작하게 되는 동기는 소리에 매료되거나 소리를 통해 독특한 경험을 하게 되는 경우예요. 훌륭하고 아름다운 소리를 듣고 나도 저렇게 해 보고 싶다는 소망을 갖게 되는 것이지요. 이러한 소망이 오래도록 지속되면 실제로 판소리를 배울 수 있는 준비가 되는 것이랍니다.

훌륭한 스승을 찾아 나서요

좋은 소리는 훌륭한 스승으로부터 나온답니다. 그래서 판소리를 배우고 싶은 사람은 훌륭한 선생님을 찾아 나서지요. 자신이 모범으로 삼고 싶은 스승으로부터 소리를 한 구절 한 구절 따라 하면서 선율과 성음, 부침새 등의 오묘한 세계를 배운답니다.

정도로 맞게 되어 아무리 격렬한 소리를 해도 견딜 수 있는 강한 성대를 갖게 된답니다. 이런 과정을 거치고 나면 어느 소리 대목이나 마음껏 낼 수 있는 목소리를 갖게 되지요. 바로 명창이 되는 거예요.

그럼, 이런 명창이 되는 과정을 알아볼까요?

판소리 명창들의 성대와 보통 사람들의 성대

판소리 명창들의 성대는 양쪽 끝 부분이 뭉그러져서 편편하거나 뭉툭해요. 일반 사람들의 뾰족한 모습과 다르지요. 그러므로 판소리 명창들의 발성법 훈련은 성대를 단련시키는 훈련이랍니다. 소리를 만들어 내는 성대 자체를 훈련시키는 것이지요.

다음은 무엇을 가리키는 말일까요?

소리를 직접 할 줄은 모르지만 소리를 많이 들어서 깊이 감상하고 이해할 줄 아는 사람을 이르는 말이에요. 예부터 전주 지역에는 유난히 이런 사람들이 많아서 소리하는 사람이 전주에만 오면 다른 지역에 비해 훨씬 긴장하게 된답니다.

(　　　　　　　　)

도움말 '귀명창이 명창을 낳는다.'는 옛말이 있어요.

☞ 정답은 56쪽에

자신만의 소리 세계를 만들어요

스승으로부터 어느 정도 판소리를 배우면 이제는 스스로 갈고 닦는 수련의 시간을 가져요. 스승으로부터 배운 소리를 바탕으로 자신의 목과 성음에 맞게 소리를 길들이고 자신의 색깔을 내는 것이지요. 보통 소리꾼은 자신의 소리 세계를 만들기 위해 '100일 공부' 또는 '독공'이라고 하는 수련의 길을 떠난답니다. 소리꾼은 굳은 결심으로 온 정성을 다하여 100일 공부에 임하게 되지요.

득음의 경지에 도달해요

소리꾼은 100일 공부를 하면서 피나는 노력으로 자신만의 독특한 소리를 계발해요. 이와 같은 노력으로 자신만의 소리를 얻었을 때 이것을 '득음'이라고 한답니다. 득음은 소리 성음을 자유자재로 구사하면서 만물을 표현하는 경지를 말해요. 자유자재의 목소리(성음)로 판소리 한 마당을 완전하게 노래할 수 있게 된 것이지요.

판소리를 어떻게 배웠을까요?

판소리에 대해 살펴보다 보니 궁금한 점이 있어요. 판소리에는 악보가 없다는 거예요. 왜 판소리에는 악보가 없을까요? 판소리는 입에서 입으로 전해 내려오는 음악이기 때문이지요. 그런데 악보가 없는 판소리를 사람들은 어떻게 배웠을까요? 한번 살펴보아요.

옛날 소리방에서는 이렇게 스승으로부터 한 구절 한 구절 따라 부르며 판소리를 배웠어요. 이러한 방식을 '구전심수'라고 해요. 이렇게 배우는 동안 소리뿐 아니라 소리를 하는 방법까지 마음에서 마음으로 전해 받았어요.

이러한 판소리의 수련 방식은 예나 지금이나 마찬가지랍니다. 악보가 없다고 해도 판소리는 훌륭한 공연 예술임에는 틀림이 없지요.

판소리에서 생겨난 예술

판소리 역사가 오래되면서 그 속에서 여러 가지 다른 예술이 생겨났어요. 전통 판소리에서 벗어나 다른 것을 만들어 내기도 하고 형태가 달라지기도 했지요. 창작 판소리, 창극, 산조, 승도창, 병창 등이 바로 판소리에서 생겨난 것들이랍니다.

창작 판소리
기존의 전통 판소리 외에 새롭게 만든 판소리예요.

산조
판소리의 직접적인 영향으로 생겨난 기악곡이에요.

전통 판소리

승도창
광대 중 소리와 줄타기 기술을 모두 갖춘 광대가 줄을 타면서 하는 판소리예요.

창극
연극처럼 여러 명의 인물이 등장하여 각기 배역에 따라 연기를 하면서 부르는 연극적인 판소리예요.

병창
악기를 연주하면서 판소리의 특정 대목을 부르는 거예요. 가야금 병창과 거문고 병창이 있어요.

판소리와 만나요

앞에서 판소리가 무엇인지에 대해 알아보았어요. 그럼 지금부터
판소리는 어떻게 공연하는지, 어떻게 구성되었는지를 알아보아요.
그리고 소리꾼은 어떻게 소리를 내는지도 자세히 알아보아요.
판소리 기본 박자인 장단도 함께 말이에요.
그럼 판소리가 더욱더 가깝게 느껴질 거예요. 자, 출발!

눈치 빠른
방자놈은 벌써
춘향을 보고…….
얼쑤!

판소리는 어떻게 구성되어 있나요?

판소리는 '창(노래)', '아니리', '발림(너름새, 몸짓이나 연극적인 동작)'으로 구성되어 있어요. 창은 우리가 흔히 부르는 노래를 뜻해요. 아니리는 장단에 맞추지 않고 반주 없이 노래하듯이 말로 이야기하는 것을 말하지요. 발림은 그때그때 상황에 맞게 몸짓으로 표현하는 것이에요. 그럼 소리책을 직접 보면서 판소리의 구성을 알아보아요.

춘향가

(중중모리) 문득 한 곳을 바라보니, 희고 붉은 꽃들이 피어 있는 가운데, 어떠한 미인이 나온다. 달도 같고, 별도 같고, 어여쁘고, 태도 곱고, 맵시 있는 저 아이 …… 긴 그네 줄을 휘느러진 복숭아 나무 가지에 휘휘칭칭 감어 매고, 섬섬옥수를 번뜻 들어 양 그네 줄을 갈러 잡고(그네 잡는 시늉을 함), 선뜻 올라 발 구를 제, 한 번 굴러 앞이 솟고, 두 번 굴러 뒤가 높아, 앞뒤가 점점 높아갈 제, 발 밑에 나는 티끌 광풍 따라 휘날리고, 푸른 사이로 붉은 치마 바람결에 나부끼니 …… 이 도령이 그 거동을 보시고, 어간이 벙벙, 가슴이 답답, 두 눈이 캄캄, 정신이 아뜩, 들숨 날숨 꼼짝 달싹을 못 허고, 온몸을 벌렁벌렁 떨며, 겨우 방자를 부르는구나.

(아니리) …… 얘 방자야! 저 건너 꽃수풀 속 울긋불긋, 오락가락, 언뜻번뜻하는 게, 저게 무엇이냐? 눈치빠른 방자놈은 벌써 춘향을 보고 정신 잃은지를 알았것다. "도련님은 무얼 보고 그러시는지, 소인놈 눈에는 아무것도 안 보입니다." "내 부채 가리키는 곳을 봐라(춘향 있는 곳을 가리키며). 저 건너 말이야." "원 아무것도 안 보이는데요."

– 명창 오정숙 창, 〈춘향가〉 중에서

창(노래)
이 부분은 '한 곳을 ♩♫바라보니 ♫♫♫' 하면서 노래로 하는 부분이에요. '중중모리'는 중중모리 장단에 맞춰서 노래를 한다는 뜻이랍니다.

아니리
아니리라고 쓰여진 부분이 말로 이야기를 하는 대목이에요. 방자와 이도령의 해학적인 대사가 무척 재미있지요.

발림
밑줄로 그어진 부분이 발림을 하는 구체적인 대목이에요. 그네 잡는 시늉을 하면서 노래를 하고 춘향이 있는 곳을 가리키며 창과 아니리를 하고 있어요. 이러한 연극적인 동작을 발림이라고 한답니다.

여기서 **잠깐!**

알아맞혀 보세요.

판소리는 창, 아니리, 발림으로 구성되어 있어요. 다음은 〈춘향가〉 중의 한 대목이에요. 창, 아니리, 발림 중 어느 것으로 해야 할까요?

(   )

> 선뜻 올라 발 구를 제, 한 번 굴러 앞이 솟고, 두 번 굴러 뒤가 높아, 앞뒤가 점점 높아갈 제, 발 밑에 나는 티끌 광풍 따라 휘날리고, 푸른 사이로 붉은 치마 바람결에 나부끼니……

도움말 창은 북 장단에 맞춰 노래를 하며 이야기를 이어 나가는 것이지요.

☞ 정답은 56쪽에

판소리 공연은 어떻게 하나요?

우선 노래를 하는 소리꾼이 있어요. 소리꾼의 왼쪽에는 북을 치는 고수가 있고요. 소리꾼은 서 있고, 고수는 북을 앞에 놓고 앉아 있지요. 그리고 판소리를 관람하는 청중이 있어요.

판소리 공연은 한 사람의 소리꾼이 이야기에 나오는 모든 배역을 담당하고 상황까지 설명하며 고수의 도움을 받으며 전체의 공연을 이끌어 가요. 작품의 내용은 대부분 이미 짜여 있으며, 가사와 곡조 중심으로 공연을 해 나가지만 현장의 상황이 중시되기 때문에 그때 그때의 상황에 따라 아주 다르게 공연할 수 있지요.

> **판소리 단가가 뭐예요?**
> 판소리 공연을 하기 전에 부르는 노래를 말해요. 단가를 부르는 것은 악기 연주 때 음을 고르듯이 소리하는 사람의 목을 풀어줌과 동시에 성대와 음정을 미리 조절하고, 소리판의 분위기를 정돈하는 효과가 있지요. 듣는 사람에게도 단가는 마치 극장의 공연 시작을 알리는 징소리처럼 판이 벌어지는 상황에 동참하기 위한 준비를 하게 해 준답니다. 단가는 대부분 중모리 장단으로 되어 있어요.

노래와 이야기를 하는 소리꾼

소리꾼은 판소리에서 노래를 하는 사람이에요. 오른손에는 부채를 들고 있지요. 소리꾼은 긴 이야기의 내용 전부를 혼자서 청중들에게 들려줘야 하기 때문에 말처럼 하는 아니리

> **더늠이 뭐예요?**
>
> 판소리에서 변형된 부분을 가리키는 말이에요. 명창이 되려면 판소리를 자신에 맞게 부를 줄 아는 능력도 있어야 해요. 그 능력 가운데 일부가 더늠이에요. 더늠은 '더 넣다', '더느다(내기하다, 걸다)'에서 온 말이지요. 이것은 소리에서 어느 소리꾼이 새로 만들거나 고쳐서 특별히 좋은 대목이나 작품을 가리키지요. 명창은 한두 대목 이상의 더늠을 갖고 있어요. 이러한 더늠이 쌓여서 판소리가 이루어졌지요. 그래서 판소리를 더늠의 예술이라고 한답니다.

로 상황을 설명하고 나서 고수의 북 장단에 맞추어 노래를 해요. 노래는 '소리'라고 하는 부분으로, 극의 흐름에 따라서 장단과 조를 달리하며 적절하게 가사의 내용을 표현해요. 이 때 극의 효과를 높이기 위해 오른손에 든 부채로 먼 곳을 가리키기도 하지요. 주로 서서 노래하지만 때로는 앉거나 엎드려 노래하기도 해요. 소리꾼에 따라서는 더늠을 활용해 자신만의 독특한 소리를 만들어요.

소리꾼

장단을 치는 고수

고수는 반주자예요. 북을 앞에 놓고 책상다리를 하고 앉아 소리꾼이 소리를 할 때 북으로 장단을 맞추지요. 북의 왼쪽, 손바닥으로 치는 쪽을 궁편이라 하고, 북채로 치는 쪽을 채편이라고 해요. 고수는 왼쪽 손바닥으로 북의 궁편을 치고, 오른손에는 북채를 쥐고 채편과 북통을 두들겨(왼손잡이는 반대) 장단을 맞춰요. 장단뿐만 아니라 소리꾼이 소리를 할 때 장단을 맞추면서 "얼쑤", "잘한다", "좋지" 등의 추임새도 넣지요.

> **추임새**
> 소리꾼이 소리하는 도중에 "얼쑤", "잘한다", "좋지" 등 고수와 청중이 함께 하는 감탄사예요. 추임새는 소리 대목의 분위기에 맞게 해야 해요. 기쁠 때는 힘차고 흥겨운 어조로, 슬플 때는 슬픈 어조로 말이에요.

고수에게는 나름대로의 고법, 즉 북을 치는 방법이 있어요. 같은 장단이라도 소리의 의미와 분위기에 따라 북을 세게, 혹은 약하게 치는가 하면 북을 치지 않고 그냥 넘어가기도 하지요. 어떤 때는 잔가락을 넣어서 치는 경우도 있어요.

고수

고수의 고법이 성공하려면 오랜 수련을 통해서만 이룰 수 있어요. 수많은 소리와 소리꾼을 접해서 소리꾼의 창법과 소리의 의미를 알아야 하지요. 때로는 소리꾼의 말에 맞장구를 치기도 하고 간단한 대사를 주고받으며 소리꾼을 이끌어 가기도 한답니다.

왜 부채를 들까요?

부채는 소리하는 사람의 소도구이자 흥취를 돋우는 도구예요. 상황에 따라 부채를 접거나 펴서 이야기의 상황을 표현하는 소도구로 다양하게 이용하지요. 지팡이, 톱, 편지, 책, 제비 등으로 말이에요. 또한 부채를 감정 표현의 도구로 사용하기도 해요. 기쁠 때는 부채를 펼치고, 슬플 때는 접고, 부끄러울 때에는 부채로 얼굴을 가리고 불안할 때는 부채를 접었다 폈다 한답니다.

흥을 돋우는 청관중

청관중은 앉아서 공연을 관람하지만 그저 보기만 하는 것은 아니에요. 극의 상황에 따라 "그렇지", "아무렴", "잘한다" 등 고수 못지않게 추임새를 넣으면서 흥을 돋우고 감동을 함께하면서 소리꾼과 고수와 함께 일체가 되어 판을 구성한답니다.

청관중

여기서 잠깐!

빈 칸을 채워 보세요.

판소리 공연은 세 가지 요소로 구성되지요. 다음 그림을 보고 세 가지 요소를 보기에서 골라 써 보세요.

☞ 정답은 56쪽에

판소리 공연에 필요한 도구는?

이번에는 판소리 공연에 필요한 도구들을 알아보아요. 판소리 공연에는 도구들이 많이 필요하지 않아요. 기본적으로 필요한 것은 소리북과 소리부채(합죽선)랍니다. 소리북으로는 리듬을 만들고, 부채로는 이야기의 세계를 표현해 내지요. 이처럼 소리꾼은 간단한 소도구만을 가지고 끝없이 펼쳐지는 소리의 세계를 만들어 나간답니다. 이 외에 장시간 창을 해야 하므로 물이 필요하지요. 그래서 미리 옆에다 물과 물잔을 놓고 판소리 공연을 시작해요. 또한 소리꾼과 고수가 서거나 앉을 곳에 돗자리를 깔아놓으며, 이 돗자리는 무대와 같은 역할을 해요.

판소리는 이렇게 간단한 도구 몇 개로 무궁무진한 이야기의 세계를 펼치는 공연이랍니다.

판소리 도구

1. 물과 물잔
소리꾼은 보통 1~2시간에서 완창의 경우 5~6시간 노래를 해야 하기 때문에 목이 많이 타요. 그래서 공연장에는 항상 물과 물잔을 준비해 둔답니다.

2. 돗자리
예부터 공연이나 어떤 행위가 일어나는 곳에 자리를 깔아 주었는데, 판소리를 공연하는 곳에는 돗자리를 깔았어요. 지금도 판소리 공연 때 돗자리를 깐답니다.

필요 없는 도구를 찾아라!

판소리할 때 필요한 소도구가 아닌 것은 무엇인가요?

(   ) (   )

합죽선

소리북

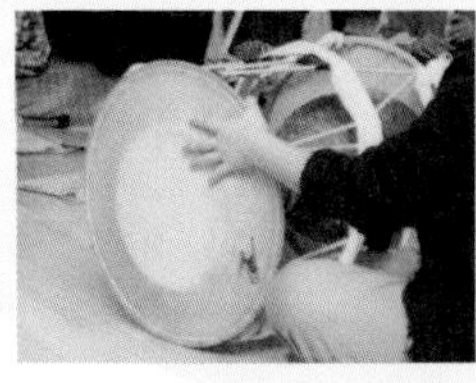

장구

가야금

☞ 정답은 56쪽에

3. 합죽선

부채인 합죽선이 판소리에 사용되면 방향을 가리키거나 모양을 그리고, 상황을 설명해요. 부채는 손의 연장이며 나아가서는 신체적인 표현의 중요한 도구이지요. 소리꾼이 창(노래)·아니리·발림으로 이야기를 전개해 나가는 데 없어서는 안 될 중요한 소도구랍니다.

4. 소리북

판소리에 사용하는 북은 특별히 '소리북'이라고 해요. 그리고 치는 법도 다른 북들과는 달리 북채로 가죽 부분뿐 아니라 몸통까지 치며 다양한 소리 장단을 만들어 내지요. 그러면 소리꾼이 이 장단에 창(노래)을 실어 부르며, 소리판을 이끌어 나간답니다.

소리꾼은 어떻게 소리를 낼까요?

판소리는 한 사람의 목소리로 여러 배역과 모든 상황을 다 표현해야 하는 성악이기 때문에 창법과 발성법, 가사 부침새 등이 매우 중요해요. 그래서 상황에 따라 목소리를 다르게 내야 하지요. 슬픈 대목에서는 슬픈 목소리로, 즐거운 대목에서는 즐거운 목소리로 말이에요.

판소리의 가사를 음악으로 표현할 때 제일 중요한 것은 어떤 창법으로 표현하느냐 하는 거예요. 이게 바로 조예요. 판소리에서 쓰이는 조의 명칭에는 우조 · 평조 · 계면조가 있어요. 우조는 '우렁차고 호기 있는' 소리예요. 그래서 장엄한 장면과 남성다운 장면에 쓰이지요. 평조는 '화평하고 한가하게, 혹은 담담하고 여유 있는' 대목을 나타낼 때 쓰여요. 그렇다면, 맞아요! 우조는 기쁜 장면과 흥겨운 장면에 주로 쓰이지요. 계면조는 판소리의 가장 기본이 되는 조로, '애절하고 슬픈 감정이 섞인' 소리예요. 슬픈 장면이나 여자의 행동을 나타낼 때 쓰인답니다.

가사 부침새가 뭐예요?

말 그대로 장단에 가사를 붙이는 것을 말해요. 판소리는 장단이라는 규칙적인 틀에 가사를 다양하게 붙여 가며 노래하는 것이지요. 그래서 가사의 부침새는 매우 다양하게 발달했답니다. 명창의 기량이 뛰어나면 부침새는 무엇에도 구애 받지 않고 기묘하고 변화있게 붙여 나갈 수 있지요. 따라서 판소리의 부침새는 변화를 주기 위한 리듬적 기교의 하나랍니다.

소리를 표현할 때 발성법도 매우 중요해요. 발성법은 소리를 어떻게 내느냐 하는 것이에요. 직접 소리로 표현했을 때 그 소리의 질이나 소리의 색깔, 소리 섞인 감정 등을 함께 일컫는 말이지요. 판소리의 발성법에는 통성, 철성, 수리성, 세성, 비성, 파성, 발발성, 천구성, 구곡성 등이 있어요.

통성은 뱃속에서 바로 위로 뽑는 소리이고, 철성은 쇠망치와 같이 견강하고 딱딱한 소리를 말해요. 수리성은 쉰 목소리와 같이 껄껄하게 나오는 소리이고, 세성은 아주 가늘게 약하고도 분명하게 나는 소리예요. 비성은 코에서 울려 나오는 소리를, 파성은 깨진 징소리와 같이 부서져 나오는 변화된 소리를 말해요. 발발성은 떨리며 나오는 변화된 소리이고, 천구성은 튀어나오는 소리, 즉 천성적인 명창의 성음을 말해요. 귀곡성은 귀신의 울음 소리와 같이 사람이 흉내 낼 수 없는 신비한 소리랍니다.

이런 조와 발성법을 활용해 소리꾼은 판소리의 내용을 청관중에게 인상적으로 전달하지요.

여기서 잠깐!

알아맞혀 보세요.

판소리 발성법에는 통성, 철성, 수리성, 세성, 비성, 파성, 발발성, 천구성, 귀곡성 등이 있어요. 그럼, 다음 대목은 여러 발성법 중 어떻게 불러야 할까요?

보기 천구성, 귀곡성, 발발성 (　　　　　)

"형장 맞어 죽은 귀신, 난장 맞어 죽은 귀신, 횡사, 급사, 즉사, 죽은 귀신, 처녀 죽은 사귀 귀신, 둘씩 셋씩 짝을 지어 옥문 밖에 와 얼른얼른, 이리로 가며 이히히 히히, 저리로 가며 이히 이히히히히 이히 이이이이이이이 훌쩍훌쩍 울음을 울고……"

☞ 정답은 56쪽에

고수의 장단을 맞춰요

장단이란 판소리 공연에 고수가 북으로 맞추는 기본 박자를 말해요. 노래할 때 기본 박자에 맞춰 노래하듯이 판소리를 할 때도 기본 장단에 맞추어 한답니다. 그럼 판소리에 쓰이는 장단을 자세히 알아보아요.

진양조 24박

합	궁	궁	궁	딱	딱
궁	궁	궁	궁		
궁	궁	궁	궁	척	궁
궁	궁	궁	궁	구궁	구궁

여러 가지 장단 중 가장 느려요. 장단이 느리면 음악도 느려지는데 판소리에서는 가사의 내용이 한가롭거나 규모가 커서 장중한 느낌이 나는 경우에 쓰지요.

중모리 12박

합	궁	딱	궁	딱	딱	궁	궁	척	궁		궁

보통 빠르기의 장단이에요. 판소리에서 가장 많이 쓰이는 장단으로 상황을 설명하거나 줄거리를 말할 때 등에 두루 쓰이지요.

구음 따라 하기

입으로 북소리를 표현하는 것을 구음이라고 해요. 판소리 공연 동안 고수는 북을 치며 "합", "궁", "딱", "척", "구궁", "따르락" 등의 소리를 내며 장단을 맞추지요. 그림의 손모양을 보고 구음에 따라 북을 쳐 봐요.

합
왼쪽 손바닥으로 왼편 가죽을 치면서 동시에 북채로 오른편 북가죽을 힘 있게 쳐요.

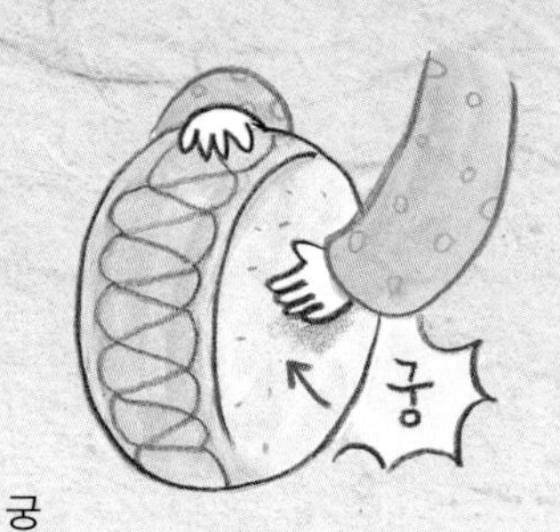

궁
왼손 손바닥으로 왼편 가죽을 살짝 쳐요.

딱
북채로 북통의 앞쪽을 쳐요.

중중모리 12박

중모리 장단을 조금 빠르고 흥겹게 치는 장단이에요. 그래서 극적인 상황에서 덩실덩실 춤을 추는 대목이나 춘향 엄마나 흥보 마누라가 나오는 대목처럼 누가 반가운 마음으로 등장할 때 중중모리 장단을 쓰지요.

합	궁	딱	궁		딱	궁	궁	척	궁		궁

자진모리 4박

중중모리 장단을 더 빨리 몰면 자진모리 장단이 되어요. 극적인 상황에서 이야기를 빨리빨리 늘어놓거나 위급한 상황이 벌어져서 서둘러야 할 대목에서 쓰인답니다.

합			궁			궁		척	궁		

휘모리 4박

자진모리보다 더 빠른 장단이에요. 휘몰아 간다고 해서 휘몰이 또는 휘모리 장단이라고 해요. 어떤 일이 매우 빠르게 진행될 경우에 사용돼요. 갑자기 나타나는 경우는 거의 없고 어떤 상황이 차츰 빨라져서 매우 빠르게 진행되는 대목에서 쓰여요.

합		궁	딱		궁		척	궁	

엇모리 5박 (혹은 10박)

도사나 호랑이 같은 신령한 존재가 등장할 때 쓰인답니다.

합	궁	딱	궁	딱	궁

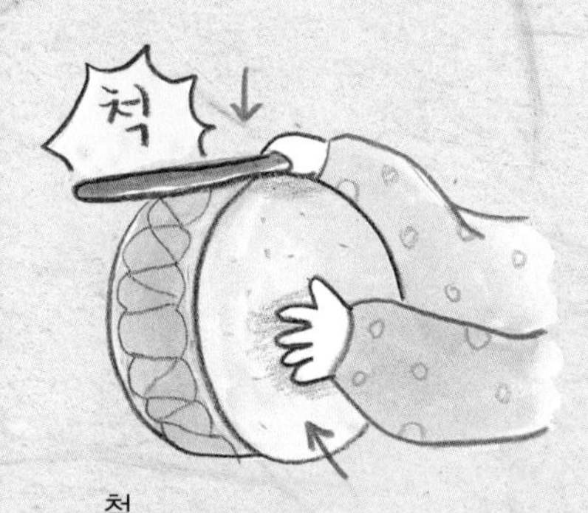

척
왼편 가죽을 손바닥으로 꽉 막으면서 북채로 북통 꼭대기를 힘 있게 쳐요.

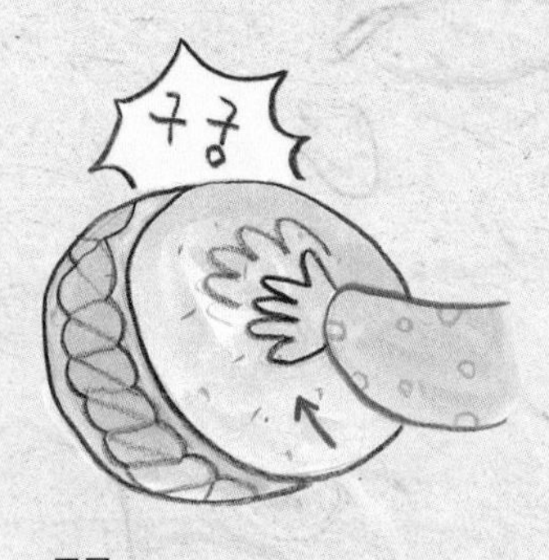

구궁
왼편 가죽을 손바닥으로 재빨리 두 번 쳐요.

따르락
북채로 북통 오른편 가를 가볍게 굴려 소리를 내요.

판소리를 찾아 떠나는 여행

판소리에 대해 많이 알게 되었나요? 그럼 판소리의 고장인 고창에 있는 판소리박물관에 가 보아요. 고창 판소리박물관에는 판소리 그림을 만나볼 수 있는 멋 마당과 전설적인 명창들을 만날 수 있는 명예의 전당이 있어요. 소리 마당에서는 어떻게 판소리가 불리게 되었는지 자세히 알 수 있지요. 아니리 마당에서는 신재효와 고창의 소리꾼을 만나 볼 수 있답니다. 그리고 판소리를 체험해 볼 수 있는 발림 마당도 있고요. 끝으로 판소리 공연을 관람할 수 있는 혼 마당이 마련되어 있어요. 차례차례 둘러보며 판소리의 매력을 흠뻑 느껴 보세요.

춘향전
박타령

신재효 고택을 찾다

동리
신재효 선생의 호예요.

고택
옛 집을 이르는 말이에요.

판소리의 전성 시대인 19세기 후반, 고창은 판소리 이론과 교육의 산실이었어요. 그 때 큰 역할을 한 인물이 바로 **동리** 신재효예요. 그리고 그 역사적 현장이 바로 신재효 **고택**이지요. 고창 판소리박물관 바로 옆에 있는 고택은 1979년 중요 민속 자료 제39호로 지정되어 보존하고 있어요. 지금은 사랑채만 복원되어 있으나, 신재효가 지은 단가의 한 구절은 당시 고택의 풍경을 짐작하게 해 준답니다.

고택의 사랑채 방 안에 판소리 수업 모습을 인형으로 재현해 놓았어요.

"고창읍내 호운거리 투춘나무 무기지안 시내우에
정자 짓고 정자켜테 포도시렁 포도 끝에 연못이라"

신재효 선생이 여생을 마친 1884년까지 살았던 이 고택은 1850년대에 지어진 것으로 짐작되며, 그의 아들이 1899년에 고쳐 지었다고 전해지고 있어요. 당시 안채를 포함한 크고 작은 여러 채의 건물들이 있었던 것으로 보이나, 지금은 조촐한 사랑채만 남아 있답니다.

노랑색으로 칠한 부분이 현재 남아 있는 부분이에요.

판소리박물관에 가기 전에

미리 준비하기

준비물 〈신나는 교과 체험학습〉 책, 수첩과 연필, 사진기, 지도

옷차림 판소리박물관과 고창읍성을 함께 돌아보려면 많이 걸어야 하니 편한 옷을 입고, 편한 신발을 신는 게 좋겠지요.

미리 알아 두기

관람시간 동절기는 오전 9시~오후 5시, 하절기는 오전 9시~오후 6시
(입장은 문을 닫기 30분 전까지 해야 해요.)
* 1월 1일과 설날, 추석, 매주 월요일은 휴관입니다.

입장료 12세 이하 어린이는 무료, 청소년은 500원, 어른은 800원

홈페이지 http://www.gochang.go.kr/pansorimuseum

주소 전라북도 고창군 고창읍 동리로 100

문의 063-560-8061

고창 판소리박물관 홈페이지

교통편

대중교통을 이용하려면 고속버스나 직행버스를 이용하는 것이 좋아요.
서울에서 고창까지 고속버스가 50분 간격으로 운행해요(3시간 40분 소요).
정읍에서 고창까지 직행버스가 10분 간격으로 운행해요(30분 소요).
광주에서 고창까지 직행버스가 30분 간격으로 운행해요(50분 소요).
전주에서 고창까지 직행버스가 30분 간격으로 운행해요(1시간 20분 소요).

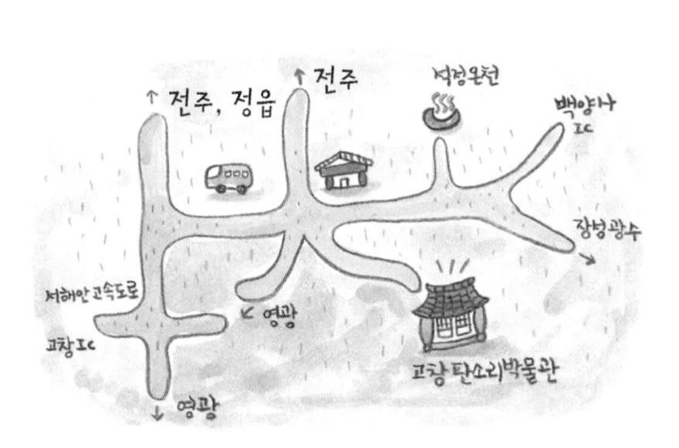

판소리박물관 전경

판소리의 대가 신재효와 최초의 여류 명창 진채선

판소리의 꽃이 핀 시기에 큰 역할을 한 인물이 바로 신재효랍니다. 본관은 평산, 자는 백원, 호는 동리예요. 일곱 살 때부터 아버지에게 글을 배워 철종 때 고창 현감이던 이익상 밑에서 이방으로 일하다가 호장에 올랐지요. 1000석을 추수할 정도의 부호였던 신재효는 1876년 흉년에 구휼미를 내어 이듬해 통정대부* 품계를 받았답니다.

신재효가 판소리를 처음 접한 것은 고창 관청에서 향리로 있을 때였어요. 관청에서 잔치를 열고 판소리 광대를 포함한 각종 연예인들을 동원해 판을 벌인 적이 있었지요. 이때 깊은 인상을 받은 신재효는 자신의 넉넉한 경제력을 바탕으로 판소리에 후원을 아끼지 않았어요. 판소리 광대들을 지원하고 이론적 지도자로서 이름을 높였지요. 동편제의 명창 김세종을 소리 선생으로 초대해 판소리 전문교육을 돕기도 했어요. 이날치, 박만순, 전해종, 정창업, 김창록 같은 명창들이 신재효의 지원을 받았지요. 그 밖에 최초의 여류 명창인 진채선을 비롯해 허금파와 같은 여류 명창을 길러 냈어요.

신재효 초상

장단에 충실하고 박자의 변화를 엄격하게 제한하는 동편제와 잔가락이 많고 박자의 변화가 많은 서편제에서 각기 장점을 취해 판소리 이론을 정립했지요. 그리고 〈광대가〉에서 판소리 사설, 창곡, 소리꾼의 됨됨이와 연기 능력 등이 어우러져야 한다는 판소리 4대 법례를 제시했어요. 나이가 들어 향리직에서 물러난 뒤에는 판소리 열두 마당 가운데 〈춘향가〉 〈심청가〉 〈박타령〉 〈토별가〉 〈적벽가〉 〈변강쇠가〉 등 여섯마당을 골라 그 사설을 개작하고 정착시켰답니다.

*통정대부: 조선 시대 벼슬의 등급으로 정3품의 등급이에요. 국가의 중요한 정책을 결정하는 데 참여했어요.

"스물 네 번 바람 불어 / 만화방창 봄이 드니
구경 가세 구경 가세 / 도리화 구경 가세."

진채선
신재효로부터 교육을 받아 우리나라 최초의 여류 명창이 되었어요.

우리나라 판소리를 집대성한 동리 신재효가 나이 쉰아홉에 지어 불렀다는 '도리화가'의 한 구절이에요. 물려받은 재산으로 각 고을 광대를 불러모아 판소리 이론을 세우고 판소리 사설을 완성한 신재효는 진채선이라는 최초의 여류 명창을 탄생시킴으로써 판소리사에 또 하나의 이정표를 만들었지요. 당시만 해도 판소리는 남성의 전유물이었어요. 진채선은 신재효와 소리 선생이었던 김세종의 지도를 받아 풍류, 가곡, 무용에도 능했고, 특히 판소리를 잘했어요. 고우면서도 웅장한 성음과 다양한 기량으로 남자 명창들의 간담을 서늘하게 했답니다.

고종 4년에 경복궁이 세워지자 경회루에서 축하 잔치가 벌어졌는데, 신재효는 진채선에게 소리를 가르쳐 경복궁 경회루 낙성연에 보냈어요. 그 자리에서 진채선은 남장을 하고 〈방아 타령〉을 불러 세상 사람들을 놀라게 했지요. 그러나 흥선 대원군의 눈에 들어 흥선 대원군의 대령기생이 되고 말았어요. 신재효는 진채선을 두고 홀로 고향에 내려와야 했지요. 곧 돌아올 줄 알았던 진채선이 끝내 돌아오지 않자 신재효는 외로움을 느끼게 되고, 외로움은 그리움으로 변했어요. 그 정을 '도리화가'라는 노래로 엮어 진채선에게 보냈지요. 그 때 신재효의 나이는 쉰아홉이었고, 진채선의 나이는 스물넷이었어요. 바람이 스물 네 번 불었다는 가사 안에는 신재효의 애틋한 마음이 녹아 있답니다.

경복궁 경회루

고창 판소리박물관 돌아보기

동리 신재효 고택을 모두 돌아보았나요? 그럼 바로 옆에 위치한 고창 판소리박물관을 둘러보아요. 이 박물관은 판소리의 전통을 계승하고 일반인들에게 판소리 예술을 다시 한번 돌아보고 감상의 기회를 제공하기 위해 세운 곳이에요. 안에는 판소리와 관련된 유물들이 많이 있으니 차근차근 살펴보아요.

건물 외형은 특이하게 평민들이 쓰던 갓 모양으로 되어 있어요. 안에는 소리북이 천장에 달려 있어 북과 소리와의 만남이라는 이미지를 큰 북과 음향 효과로 연출하여 장엄하고 숭고한 분위기를 느낄 수 있지요. 그리고 빔 프로젝터를 통해 판소리 역사에 관한 영상을 볼 수 있어 한층 더 판소리에 가까이 갈 수 있답니다.

고창 판소리박물관을 한눈에 살펴봐요!

고창 판소리박물관 안내도

판소리 그림을 만나요 멋마당

옛날 판소리 공연 모습을 패널을 통해 실감 나게 볼 수 있어요. 한마디로 판소리 그림 갤러리랍니다. 〈기산풍속도첩〉에 나오는 여러 종류의 판소리 그림과 명창 모흥갑이 판소리하는 모습을 담은 그림이 있어요. 그리고 광대 줄타기, 회혼례도 등 판소리와 관련이 있는 풍속화가 전시되어 있어 판소리를 이해하는 데 많은 도움을 준답니다.

멋 마당 전경

소리광대가 줄을 타며 소리하는 모습

유명한 명창 모흥갑이 평양 감사부임 환영연에 연창하는 모습

회혼례 잔치에서 소리광대가 줄타며 연행하는 모습

판소리를 좋아하는 양반집에서 광대가 판소리를 연행하는 모습

그림에 판소리
공연 장면이 있네!
옛날에는 이렇게
공연을 했군!

전설적인 명창들을 만나요 명예의 전당

명예의 전당 전경

우와! 사진들이 많이 전시되어 있어요. 과연 어떤 사람들의 사진일까요? 이 곳에는 판소리가 세계무형유산으로 등재되는 것을 가능하게 했던 명인 명창들의 사진이 전시되어 있어요. 이들의 노력이 없었다면 판소리가 고스란히 전해 내려오지 못했을 거예요. 천천히 살펴보면서 명창들의 숨결을 느껴 보세요.

전설적인 명창들이 모두 모여 있어요. 사진에서 판소리사에 길이 빛날 송만갑을 비롯해 여러 명창을 찾아보세요.

정정렬 명창 (1876–1938)
판소리를 현대화시키고 창극의 기본적인 형태를 이뤄낸 계면조의 대가예요.

송만갑 명창 (1865–1939)
판소리 역사에서 손으로 꼽을 만큼 유명한 천재적인 명창이었어요.

김소희 명창 (1917–1995)
소리의 능력을 타고나 소리를 거의 평평하게 내는 정대한 창법을 이루었어요.

김여란 명창 (1907–1983)
판소리를 고집하고 정정렬이 만든 판소리를 온전히 계승했어요.

판소리의 유래를 만나요 소리 마당

소리 마당 전경

판소리는 어떻게 생겨났을까? 그리고 판소리가 뜻하는 것은 무엇일까? 궁금한 게 많아요. 이 곳에서는 모형을 통해 판소리의 예술 세계를 더욱 쉽게 이해할 수 있어요. 판소리 유파에 따라 공연할 때는 어떻게 다른지, 그리고 어떻게 전승되어 왔는지도 자세히 알 수 있지요. 또 판소리 광대들을 체계적으로 알기 쉽게 해설해 주고 있어요. 판소리 광대들이 예술을 꽃피우고 남긴 흔적들인 소리북, 합죽선 등의 소도구, 사설집, 음반 등이 전시되어 있답니다. 판소리 사설의 중요 자료로는 신재효본 판소리본으로 신씨가장본과 성두본이 있어요. 마지막 부분에는 동리 신재효 선생을 계승하기 위해 제정한 동리대상 코너가 있답니다. 이 곳도 빠지지 말고 꼭 둘러보세요.

찾아보세요

신재효 선생은 입에서 입으로 전해 내려오던 판소리 여섯 마당의 사설을 알맞게 개작했어요. 그 중 흥보가와 관련이 있는 유물을 찾아보세요.

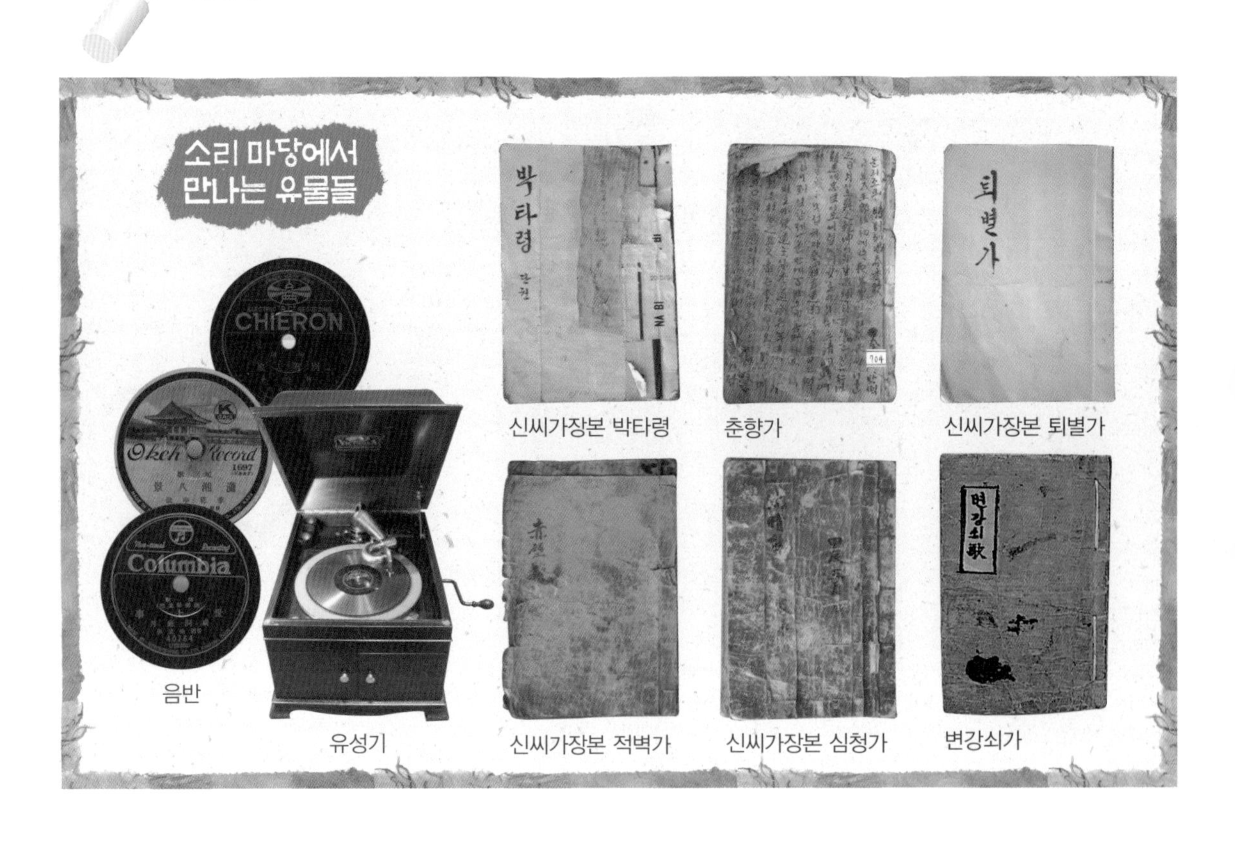

음반
유성기
신씨가장본 박타령
춘향가
신씨가장본 퇴별가
신씨가장본 적벽가
신씨가장본 심청가
변강쇠가

고창의 소리꾼을 만나요 아니리 마당

아니리 마당 전경

아니리 마당에서는 동리 신재효와 고창의 소리꾼을 만날 수 있어요. 고창은 수많은 판소리 대명창들을 많이 배출한 곳이에요. 판소리 역사에 큰 영향을 미친 판소리 후원자이자 이론가인 신재효 선생을 배출함으로써 고창 특유의 문화를 이룬 곳이기도 하지요. 아니리 마당에는 동리 신재효 선생의 삶을 더욱 가깝게 느낄 수 있는 유품들이 전시되어 있어요. 신재효 고택의 모습을 묘사하고 있는 병풍, 신재효 선생의 교지, 대원군과의 친분을 증명하는 편지, 호적단자 등을 볼 수 있지요. 신분상 천대를 면하지 못하고 있는 광대의 예술에 이론적 토대를 제공하고 판소리가 나아가야 할 길을 제시한 신재효 선생의 체온을 느껴 보세요.

신재효
선생은 어떤
사람이었을까?

찾아보세요

호적단자는 오늘날의 주민등록증과 같은 것이에요. 전시실에서 신재효 선생의 호적단자를 찾아보세요.

아니리 마당에서 만나는 유물들

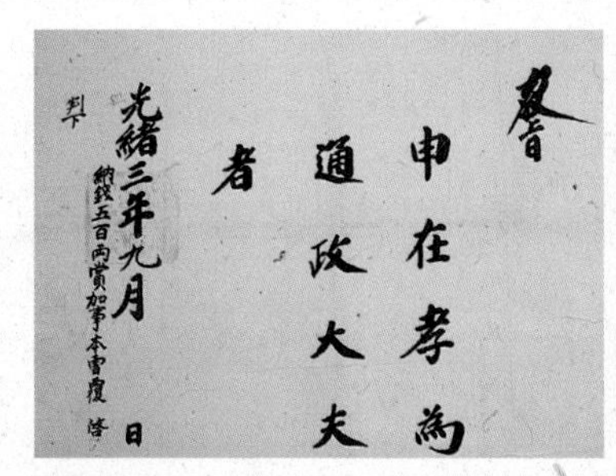

申在孝爲
通政大夫
者
光緒三年九月 日

신재효 교지

교지는 조선 시대에 임금이 벼슬아치에게 주던 명령서예요. 신재효를 통정대부에 임명한다는 내용이 실려 있어요.

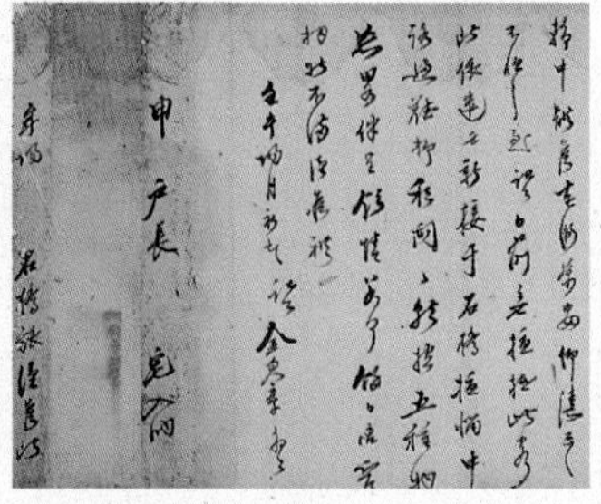

흥선대원군 친필 편지

동리 신재효는 고종의 아버지인 흥선 대원군과 친분이 두터웠어요. 이렇게 서로 편지를 주고받을 정도였지요.

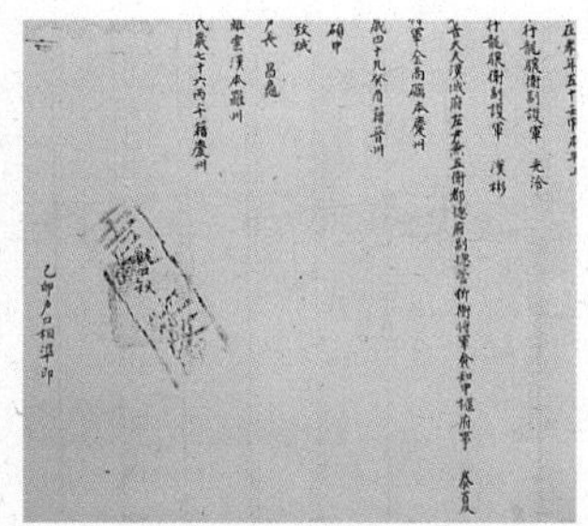

호적단자

조선 시대에 호주가 3년마다 호구식에 따라 작성하여 관청에 제출하던 서류예요. 가족은 물론 집안의 노비까지도 모두 적어 제출했어요.

소리꾼이 되는 과정을 만나요 발림 마당

발림 마당 전경

발림 마당은 판소리를 직접 체험해 볼 수 있는 곳이에요. 판소리 다섯 마당 중 눈 대목을 들을 수 있는 음향 시설이 마련되어 있지요. 안쪽에는 입으로 전하고 마음으로 익히는 판소리의 전승 방식인 '구전심수'에서 그 이름을 딴 '구전심수 교실'이 마련되어 있어 단가와 북 치는 법을 배울 수 있답니다.

또한 판소리 광대들의 수련 과정과 소리굴에서의 득음 과정도 살펴볼 수 있어요. 보통 소리꾼들은 스승으로부터 소리를 배운 뒤에는 스승의 곁을 떠나 오랜 시간 동안 깊은 산 속이나 절, 또는 인적 없는 동굴에 들어가 혹독한 훈련을 거듭한 뒤 비로소 명창으로 태어나지요. 이런 상징적인 공간이 바로 소리굴이에요. 소리굴에서 수련하는 모습을 살펴보고 폭포수 앞에 선 소리꾼처럼 자신의 목소리를 성량 테스트기로 시험해 보세요.

찾아보세요

'눈 대목'은 판소리에서 가장 중요하며 감동의 핵심이 되는 부분을 말해요. "제비 몰러 나간다. 제비를 몰러들 나간다."라는 눈 대목은 다섯 마당 중 어디에 나오나요?
(   )

☞ 정답은 56쪽에

발림 마당에서 만날 수 있는 시설

소리굴
소리꾼이 되기 위해 수련하는 과정을 모형으로 만들어 놓았어요.

구전심수 교실
이 곳에서는 동영상을 보고 직접 북을 치며 장단에 맞춰 소리를 해 볼 수 있어요.

성량 테스트기
자신의 목소리를 얼마나 크게 울릴 수 있는지 시험해 볼 수 있는 장치예요.

판소리 공연을 관람해요 혼 마당

디지털 영상을 통해 무형 예술인 판소리에 쉽게 접근해 볼 수 있는 공간이에요. 무형 예술과 전자 영상 기술과의 만남은 판소리를 낱낱이 살펴볼 수 있게 해 준답니다. 또한 영상 기술에 힘입어 공연 예술의 극적인 순간과 장면을 연출할 수 있어요.

혼 마당 전경

혼 마당에서는 판소리의 개념과 역사뿐만 아니라 장단과 성음 등 판소리의 음악적 특성을 명창들의 공연 모습을 통해서 쉽게 설명해 주고 있답니다.

명창 만정 김소희를 만나요 다목적실

김소희 선생은 우리나라를 대표하는 국창, 또는 예인으로 추앙받은 인물이에요. 한평생 소리꾼으로 외길을 걸어 빛나는 예술혼을 불태웠지요. 그 모습은 예인들의 모범이 되었어요.

다목적실 전경

이 곳은 김소희 선생의 타계 10주기를 맞이하여 예술혼을 되돌아보고 김소희의 삶과 소리 인생을 통해 판소리를 예술적으로 체험하도록 마련한 곳이에요. 판소리를 이해하는 데 도움이 되도록 하기 위해서이지요. 김소희 선생의 소리 인생, 소리의 전승 관계, 소리의 특징 등과 선생이 사용했던 유품, 출반한 음반 등 유물 150여 점이 전시되어 있답니다.

다목적실 유물들
명창 김소희가 살아 있을 때 사용하던 물건과 상패 등이에요.

우리의 생각과 정서가 담겨 있는 판소리

판소리 여행을 잘 마쳤나요? 판소리는 영화 〈서편제〉로 우리에게 다소 친숙해졌지만 아직도 많은 사람이 자세히 알지는 못해요. 그저 이야기를 노래처럼 읊조리는 것이라고만 알고 있는 사람들이 많지요. 하지만 이미 판소리는 유네스코의 세계무형유산으로 등재된 우리의 독특하고 아름다운 전통 예술이랍니다.

그렇다면 판소리는 누가 즐겼을까요? 판소리가 발전해 온 과정을 살펴보면 시기에 따라 판소리를 즐기는 사람들에 차이가 있었어요. 판소리에 대한 유래를 아주 오랜 옛날부터 찾지만 지금과 같은 모습을 갖추기 시작한 것은 조선 시대예요. 조선 시대 초기에는 시장이나 축제장처럼 사람들이 많이 모이는 곳에서 공연을 해 서민층 사이에서 즐겼다고 하며, 조선 후기로 갈수록 양반들 사이에서 유행했지요. 서로 공유하는 시기가 다르기는 했지만 모든 계층의 사람이 즐긴 우리의 예술이라고 할 수 있어요.

모든 계층이 같이 즐긴 판소리는 사람들을 서로 화합하게 하는 사회적인 기능을 했어요. 판소리는 입에서 입으로 전해지던 것이기 때문에 정확하게 표기한 악보가 없어요. 그래서 전하는 사람들의 기억에 의존할 수밖에 없었지요. 판소리는 이처럼 여러 사람의 기억에 의존해 전해지다 보니, 많은 사람의 성향과 의도를 조금씩 담게 되었어요. 그 사회 구성원들이 담고자 하는 공통적인 생각과 가치를 담게 된 것이지요. 판소리는 사회를 구성하고 있는 사람들이 어떤 생각을 가지고 있는지 알 수 있게 해 주는 예술적인 잣대라고 할 수 있어요.

그럼 우리 고유의 예술적인 잣대를 어떻게 간직해야 할까요? 무엇보다 가장 필요한 자세는 꾸준히 관심을 갖는 것이랍니다.

고창 판소리 명창들의 유적을 찾아서

판소리의 고장인 고창에는 판소리박물관말고도 명창들의 유적이 많이 있어요.
명창들의 생가와 묘를 찾아가 그들의 삶을 더욱 가까운 곳에서 살펴보아요.
그리고 고창의 유명한 사찰로 꼽히는 선운사도 함께 돌아보아요.

진채선 생가터
(1846 ~?)

최초의 여성 명창으로 타고난 미인이었어요. 신재효의 소리 지침을 받아 판소리에 능했고, 춤 솜씨도 뛰어났답니다. 어려서 신재효의 문하에 들어가 김세종에게 판소리를 배운 후 신재효에게 이론 교육을 받았어요. 1867년 서울로 올라가 경회루 낙성연에서 소리를 한 후 세상 사람들의 주목과 흥선 대원군의 총애를 받지만 1873년 대원군이 궁궐에서 나온 뒤에는 어떻게 되었는지 아무도 알 수 없었다고 해요.

주소 전라북도 고창군 심원면 월등길 70-1

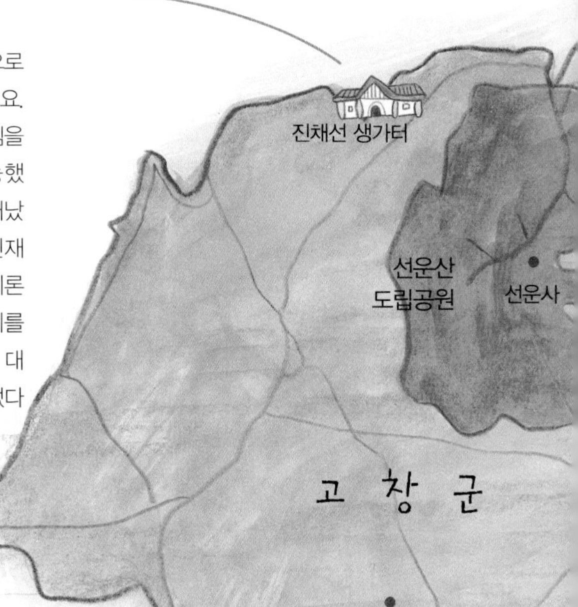

판소리를 만나는 축제

전주대사습

해마다 5월 단오에 전주에서 열리는 대회예요. 판소리, 민요, 기악, 농악, 무용, 병창, 시조, 궁도 등의 종목이 있어요. 그 중 판소리 부문이 가장 중요해요. 이 곳에서 장원이 되면 '명창'이라는 칭호를 얻어요. 이 대회에서 배출된 명창으로는 오정숙, 조상현, 조통달 등이 있답니다.

전주세계소리축제

해마다 10월 중순에 전주에서 열리는 예술 축제예요. 판소리를 중심으로 한 우리의 전통음악을 국내는 물론 세계에 널리 알리고 전 세계의 다양한 음악적 유산과 폭넓게 교류하기 위해서 열린답니다.

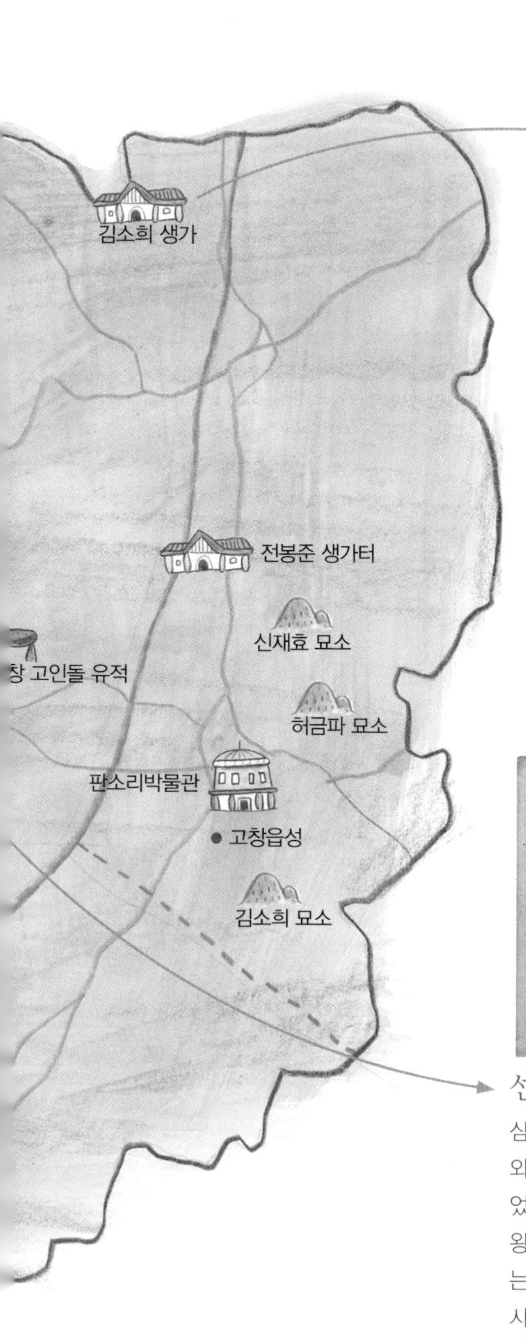

김소희 생가(1917~1995)

본명은 순옥이고, 호는 만정이에요. 판소리 대가 송만갑 문하에 들어가 열다섯 살에 제1회 춘향제전 명창대회에서 장원으로 뽑히면서 이름을 날리기 시작했어요. 정정렬, 박동실 명창 등에게 판소리 다섯 마당과 가곡, 거문고, 무용, 서예 등을 익혔어요. 1963년 중요 무형문화재 제5호로 지정되었으며 판소리 김소희제를 만들었고 국악학교를 설립했어요. 후진 양성에 힘써 현재 활동하는 소리의 대가들은 거의 김소희의 제자들이랍니다.

주소 전라북도 고창군 흥덕면 김소희길 33

선운사

삼국 시대에 세워진 사찰이에요. 조선 후기 번창할 무렵에는 89개의 암자와 189개에 이르는 건물이 산중 곳곳에 흩어져 있어 장엄한 불국토를 이루었던 곳이에요. 선운사가 정확하게 언제 세워졌는지에 대해서는 신라 진흥왕이 창건했다는 설과 백제 위덕왕 24년(577)에 고승 검단 선사가 창건했다는 두 가지 설이 전해지고 있지요. 선운산 북쪽 기슭에 자리잡고 있는 선운사는 김제의 금산사와 함께 전라북도의 2대 사찰로 손꼽히는 곳이에요. 오랜 역사와 빼어난 자연 경관, 소중한 불교 문화재들을 지니고 있어 많은 사람들이 찾는답니다. 고창 판소리박물관에서 가까운 곳에 있으니 한번 들러 보세요.

주소 전라북도 고창군 아산면 선운사로 250

문의 063-561-1422

나는 판소리 박사!

세계무형유산 판소리에 대해 알아보았어요. 가슴이 뿌듯하지 않나요?
내 지식의 창고에 양식이 한 뼘 더 쌓인 것 같아요. 지금부터 그 창고를 열어
판소리에 대해 얼마나 많이 알고 있는지 문제를 풀어 보아요.

❶ 세계무형유산과 세계문화유산을 골라 짝지어 보세요.

세계문화유산은 일정한 형태를 가지고 있어서 눈으로 보고 만질 수 있는 실재물이에요.
세계무형유산은 고정된 형태가 없는 정신적이고 행위적인 유산을 말하지요.
다음의 사진을 보고 세계무형유산에는 '무', 세계문화유산에는 '문'이라고 써 보세요.

판소리

( )

석굴암

( )

수원 화성

( )

종묘제례악

( )

창덕궁

( )

❷ 맞는 것끼리 짝지어 보세요.

발성법에는 통성, 철성, 수리성, 세성, 비성, 파성, 발발성, 천구성, 귀곡성 등이 있어요. 각각 내는 소리도 다르지요. 다음 그림은 어느 소리를 나타내는 것인지 맞는 것끼리 줄로 연결해 보세요.

뱃속에서 나오는 소리

쉰 목소리

튀어나오는 소리

떨리며 나오는 소리

아주 가늘지만 분명한 소리

③ 순서를 알아맞혀 보세요.

명창이 되려면 순서대로 거쳐야 하는 과정이 있어요.
다음의 그림을 보고 순서대로 나열해 보세요.

자신만의 소리 세계를 만들어요.
(　　　　)

득음의 경지에 도달해요.
(　　　　)

훌륭한 스승을 찾아 나서요.
(　　　　)

좋은 소리에 매료돼요.
(　　　　)

④ 판소리 장단을 알아맞혀 보세요.

노래를 할 때 박자에 맞춰서 불러야 하듯이 판소리에서 장단은 매우 중요해요.
판소리 장단에는 '진양조', '중모리', '중중모리', '자진모리', '휘모리', '엇모리' 등이 있어요.
각각에 맞는 장단을 서로 연결해 보세요.

- 진양조 •
- 중모리 •
- 중중모리 •
- 자진모리 •
- 휘모리 •
- 엇모리 •

•

합	궁	딱	궁		딱	궁	궁	척	궁		궁

•

합	궁	궁	궁	딱	딱
궁	궁	궁	궁		
궁	궁	궁	궁	척	궁
궁	궁	궁	궁	구궁	구궁

•

합	궁	딱	궁	딱	딱	궁	궁	척	궁		궁

•

합		궁	딱		궁		척	궁	

•

합	궁	딱	궁	딱	궁

•

합			궁			궁		척	궁		

☞ 정답은 56쪽에

판소리를 배워요

판소리박물관을 잘 둘러보았나요? 판소리는 예부터 전해 내려오는 이야기를 소리 광대가 노래로 부른 것이지요. 이들이 없었다면 판소리는 지금까지 전해 내려오지 못했을 거예요. 지금부터 "쿵", "딱" 북소리에 맞춰 판소리를 배워 봐요.

동리국악당

고창 판소리박물관 옆에 있는 동리국악당은 신재효 선생의 문화적 업적을 계승하고 판소리 천승의 맥을 이어 가기 위해 설립되었어요. 동리국악당은 활발한 국악 활동을 통해 고창 지역에서 전통 음악의 지속적인 보급과 교육의 중요한 역할을 하고 있지요. 상설 국악 교실에서는 판소리, 농악반, 가야금반, 대금반 등을 운영하고 있답니다.

일시 일 년 내내 운영하고 있어요.
월~금(하절기 오후 3시~오후 6시, 동절기 오후 2시~오후 5시)
대상 유치원생, 학생, 일반인
주소 전라북도 고창군 고창읍 판소리길 20
문의 063-560-8065

남원 국립민속국악원

국립민속국악원 국악문화학교에서는 우리 음악의 멋과 흥을 함께할 프로그램을 운영하고 있어요.

홈페이지 http://namwon.gugak.go.kr

문의 국립민속국악원 장악과 063-620-2324

일반인 국악문화학교

일반인 및 청소년을 대상으로 하며 주중에 초급반, 중급반을 운영하여 국악에 입문하고자 하는 일반인들은 물론 지속적으로 국악을 배워 온 중급 이상의 실력자들도 체계적인 국악 교육을 받을 수 있답니다. 판소리, 대금, 사물놀이반을 운영하고 있어요.

어린이 창극 교실

초등학생 전 학년을 대상으로 해요. 쉽고 재미있는 창극을 직접 체험해 보고 전통 소리와 몸짓을 익힘으로써 어린이들의 감수성을 계발하고 표현력과 자신감을 길러 줄 수 있는 프로그램이에요.

토요 판소리 여행 '나도 귀명창'

국립민속국악원에서는 일 년에 5회, 명창의 삶과 예술 세계를 찾아보는 1일 체험 프로그램을 운영하고 있어요. 판소리 유적지 답사와 판소리 강습, 창극 공연 관람 등 다채로운 내용으로 이루어져 있지요. 토요 판소리 여행 '나도 귀명창'을 통해 온 가족이 함께 전통 예술의 아름다움 속에서 뜻 깊은 추억을 만들어 보세요.

나도 귀명창 프로그램

지역 답사 여행

남원에 있는 국립민속국악원을 돌아보았다면 그 주변의 관광지를 돌아보는 것을 잊지 마세요. 남원에는 〈춘향전〉의 무대가 된 광한루를 비롯해 오리정, 육모정, 구룡폭포, 명창(송흥록, 유성준, 장자백)의 생가, 남원 국악의 성지, 구례 동편제 전수관 등 돌아볼 곳이 많답니다.

남원의 광한루

정답

10쪽

12쪽

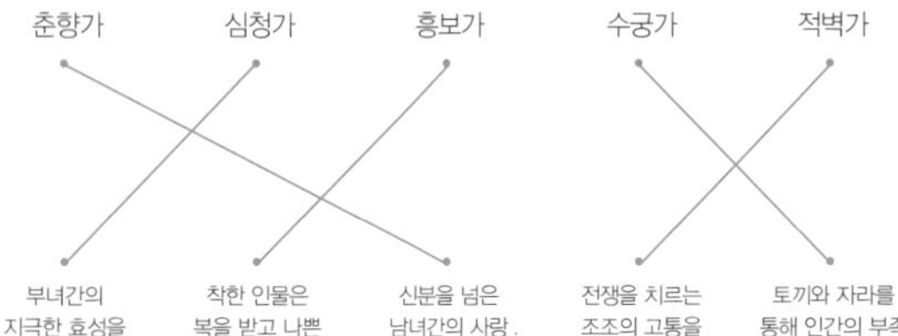

21쪽 귀명창

26쪽 창

29쪽 ① 소리꾼 ② 고수 ③ 청관중

31쪽 장구, 가야금

33쪽 귀곡성

찾아보세요

46쪽 박타령

나는 판소리 박사!

❶ 세계무형유산과 세계문화유산을 골라 짝지어 보세요.

세계문화유산은 일정한 형태를 가지고 있어서 눈으로 보고 만질 수 있는 실재물이에요.
세계무형유산은 고정된 형태가 없는 정신적이고 행위적인 유산을 말하지요.
다음의 사진을 보고 세계무형유산에는 '무', 세계문화유산에는 '문'이라고 써 보세요.

❷ 맞는 것끼리 짝지어 보세요.

발성법에는 통성, 철성, 수리성, 세성, 비성, 파성, 발발성, 천구성, 귀곡성 등이 있어요. 각각 내는 소리도 다르지요. 다음 그림은 어느 소리를 나타내는 것인지 맞는 것끼리 줄로 연결해 보세요.

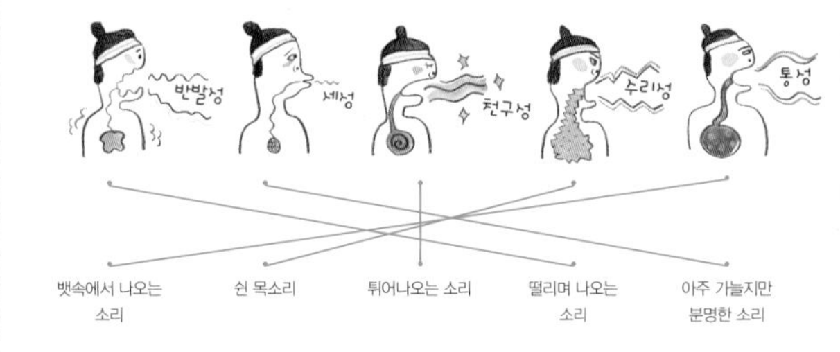

❸ 순서를 알아맞혀 보세요.

명창이 되려면 순서대로 거쳐야 하는 과정이 있어요.
다음의 그림을 보고 순서대로 나열해 보세요.

자신만의 소리 세계 만들어요.
(3)

득음의 경지에 도달해요.
(4)

훌륭한 스승을 찾아서
(2)

소리가 좋아서
(1)

❹ 판소리 장단을 알아맞혀 보세요.

노래를 할 때 박자에 맞춰서 불러야 하듯이 판소리에서 장단은 매우 중요해요.
판소리 장단에는 '진양조', '중모리', '중중모리', '자진모리', '휘모리', '엇모리' 등이 있어요.
각각에 맞는 장단을 서로 연결해 보세요.

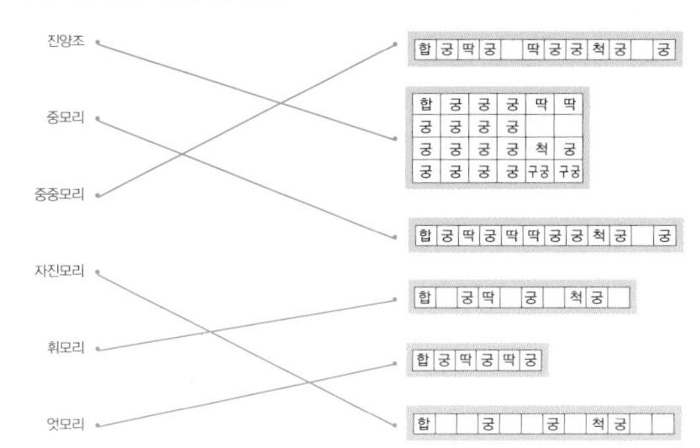

사진

주니어김영사 38p(신재효 고택 사랑채 내부, 고택 전경, 고택복원도), 39p(판소리박물관 전경), 41p(경복궁 경회루), 52p(석굴암, 수원 화성, 종묘제례악, 창덕궁)

고창 판소리박물관 8p(흥보전, 심청전, 춘향전), 9p(조선창극사), 13p(조상현 창 춘향가 CD, 이일주 창 춘향가 CD), 14p(김소희 창 심청가 CD, 성우향 창 심청가 CD), 15p(신영희 창 흥보가 CD, 김연수 창 흥보가 CD), 16p(김연수 창 수궁가 CD), 17p(임방울 창 적벽가 CD), 18p(동편제 판소리), 20p(100일 공부), 23p(창작 판소리, 병창), 27p(판소리 공연 모습), 28p(소리꾼, 고수), 29p(청관중), 30p(물과 물잔, 돗자리), 31p(합죽선, (여기서 잠깐) 합죽선, 소리북, 장구, 가야금), 40p(신재효 초상), 41p(진채선), 42p(멋 마당 전경), 43p(위쪽 패널 사진 4장, 정정렬, 송만갑, 김소희, 김여란, 명예의 전당 전경), 44p(소리 마당 전경, 음반, 유성기, 박타령, 춘향가, 퇴별가, 적벽가, 심청가, 변강쇠가), 45p(아니리 마당 전경, 신재효 교지, 흥선대원군 친필 편지, 호적단자), 46p(발림 마당 전경, 소리굴, 구전심수 교실, 성량 테스트기), 47p(흔 마당 전경, 다목적실 전경, 다목적실 유물들), 50p(진채선 생가터), 51p(김소희 생가), 54p(동리국악당)

서울대학교 박물관 6p(명창 모흥갑 판소리도)

고창군청 51p(선운사)

국립민속국악원 55p(귀명창프로그램)

남원군청 55p(광한루)

이미지트립 23p(산조, 승도창, 창극)

초등학교 교과서와 관련된 학년별 현장 체험학습 추천 장소

1학년 1학기 (21곳)	1학년 2학기 (18곳)	2학년 1학기 (21곳)	2학년 2학기 (25곳)	3학년 1학기 (31곳)	3학년 2학기 (37곳)
철도박물관	농촌 체험	소방서와 경찰서	소방서와 경찰서	경희대자연사박물관	IT월드(과천정보나라)
소방서와 경찰서	광릉	서울대공원 동물원	서울대공원 동물원	광릉수목원	강원도
시민안전체험관	홍릉 산림과학관	농촌 체험	강릉단오제	국립민속박물관	경희대자연사박물관
천마산	소방서와 경찰서	천마산	천마산	국립서울과학관	광릉수목원
서울대공원 동물원	월드컵공원	남산골 한옥마을	월드컵공원	국립중앙박물관	국립경주박물관
농촌 체험	시민안전체험관	한국민속촌	남산골 한옥마을	기상청	국립고궁박물관
코엑스 아쿠아리움	서울대공원 동물원	국립서울과학관	한국민속촌	서대문자연사박물관	국립국악원박물관
선유도공원	우포늪	서울숲	농촌 체험	선유도공원	국립부여박물관
양재천	철새	갯벌	서울숲	시장 체험	국립서울과학관
한강	코엑스 아쿠아리움	양재천	양재천	신문박물관	남산
에버랜드	짚풀생활사박물관	동굴	선유도공원	경상북도	남산골 한옥마을
서울숲	국악원박물관	고성 공룡박물관	불국사와 석굴암	양재천	롯데월드 민속박물관
갯벌	천문대	코엑스 아쿠아리움	국립중앙박물관	경기도	국립민속박물관
고성 공룡박물관	자연생태박물관	옹기민속박물관	국립민속박물관	이화여대자연사박물관	삼성어린이박물관
서대문자연사박물관	세종문화회관	기상청	전쟁기념관	전쟁기념관	서대문자연사박물관
옹기민속박물관	예술의 전당	시장 체험	판소리	천마산	선유도공원
어린이 교통공원	어린이대공원	에버랜드	DMZ	한강	소방서와 경찰서
어린이 도서관	서울놀이마당	경복궁	시장 체험	화폐금융박물관	시민안전체험관
서울대공원		강릉단오제	광릉	호림박물관	경상북도
남산자연공원		몽촌역사관	홍릉 산림과학관	홍릉 산림과학관	월드컵공원
삼성어린이박물관		국립현대미술관	국립현충원	우포늪	육군사관학교
			국립4·19묘지	소나무 극장	해군사관학교
			지구촌민속박물관	예지원	공군사관학교
			우정박물관	자운서원	철도박물관
			한국통신박물관	서울타워	이화여대자연사박물관
				국립중앙과학관	제주도
				엑스포과학공원	천마산
				올림픽공원	천문대
				전라남도	태백석탄박물관
				경상남도	판소리박물관
				허준박물관	한국민속촌
					임진각
					오두산 통일전망대
					한국천문연구원
					종이미술박물관
					짚풀생활사박물관
					토탈야외미술관

4학년 1학기 (34곳)	4학년 2학기 (56곳)	5학년 1학기 (35곳)	5학년 2학기 (51곳)	6학년 1학기 (36곳)	6학년 2학기 (39곳)
강화도	IT월드(과천정보나라)	갯벌	IT월드(과천정보나라)	경기도박물관	IT월드(과천정보나라)
갯벌	강화도	광릉수목원	강원도	경복궁	KBS 방송국
경희대자연사박물관	경기도박물관	국립민속박물관	경기도박물관	덕수궁과 정동	경기도박물관
광릉수목원	경복궁 / 경상북도	국립중앙박물관	경복궁	경상북도	경복궁
국립서울과학관	경주역사유적지구	기상청	덕수궁과 정동	고성 공룡박물관	경희대자연사박물관
기상청	경희대자연사박물관	남산골 한옥마을	경상북도	국립민속박물관	광릉수목원
농촌 체험	고창, 화순, 강화 고인돌유적	농업박물관	경희대자연사박물관	국립서울과학관	국립민속박물관
서대문자연사박물관	전라북도	농촌 체험	고인쇄박물관	국립중앙박물관	국립중앙박물관
서대문형무소역사관	고성 공룡박물관	서울국립과학관	충청도	농업박물관	국회의사당
서울역사박물관	충청도	서울대공원 동물원	광릉수목원	롯데월드 민속박물관	기상청
소방서와 경찰서	국립경주박물관	서울숲	국립공주박물관	몽촌토성과 풍납토성	남산
수원화성	국립민속박물관	서울시청	국립경주박물관	민주화현장	남산골 한옥마을
시장 체험	국립부여박물관	서울역사박물관	국립고궁박물관	백범기념관	대법원
경상북도	국립서울과학관	시민안전체험관	국립민속박물관	서대문자연사박물관	대학로
양재천	국립중앙박물관	경상북도	국립서울과학관	서대문형무소 역사관	민주화 현장
옹기민속박물관	국립국악원박물관 / 남산	양재천	국립중앙박물관	서울역사박물관	백범기념관
월드컵공원	남산골 한옥마을	강원도	남산골 한옥마을	조선의 왕릉	아인스월드
철도박물관	농업박물관 / 대법원	월드컵공원	농업박물관	성균관	서대문자연사박물관
이화여대자연사박물관	대학로	유명산	롯데월드 민속박물관	시민안전체험관	국립서울과학관
천마산	롯데월드 민속박물관	제주도	충청도	경상북도	서울숲
천문대	몽촌토성과 풍납토성	짚풀생활사박물관	서대문자연사박물관	암사동 선사주거지	신문박물관
철새	불국사와 석굴암	천마산	성균관	운현궁과 인사동	양재천
홍릉 산림과학관	서대문자연사박물관	한강	세종대왕기념관	전쟁기념관	월드컵공원
화폐금융박물관	서울대공원 동물원	한국민속촌	수원화성	천문대	육군사관학교
선유도공원	서울숲	호림박물관	시민안전체험관	철새	이화여대자연사박물관
독립공원	서울역사박물관	홍릉 산림과학관	시장 체험 / 신문박물관	청계천	중남미박물관
탑골공원	조선의 왕릉	하회마을	경기도	짚풀생활사박물관	짚풀생활사박물관
신문박물관	세종대왕기념관	대법원	강원도	태백석탄박물관	창덕궁
서울시의회	수원화성	김치박물관	경상북도	해인사 고려대장경과 장경판전	천문대
선거관리위원회	승정원 일기 / 양재천	난지하수처리사업소	옹기민속박물관	호림박물관	우포늪
소양댐	옹기민속박물관	농촌, 어촌, 산촌 마을	운현궁과 인사동	유니세프 한국위원회	판소리박물관
서남하수처리사업소	월드컵공원	들꽃수목원	육군사관학교	무령왕릉	한강
중랑구재활용센터	육군사관학교	정보나라	이화여대자연사박물관	현충사	홍릉 산림과학관
중랑하수처리사업소	철도박물관	드림랜드	전라북도	덕포진교육박물관	화폐금융박물관
	이화여대자연사박물관	국립극장	전쟁박물관	서울대학교 의학박물관	훈민정음
	조선왕조실록 / 종묘		창경궁 / 천마산	상수허브랜드	상수도연구소
	종묘제례		천문대		한국자원공사
	창경궁 / 창덕궁		태백석탄박물관		동대문소방서
	천문대 / 청계천		한강		중앙119구조대
	태백석탄박물관		한국민속촌		
	판소리 / 한강		해인사 고려대장경과 장경판전		
	한국민속촌		화폐금융박물관		
	해인사 고려대장경과 장경판전		중남미문화원		
	호림박물관		첨성대		
	화폐금융박물관		절두산순교성지		
	훈민정음		천도교 중앙대교당		
	온양민속박물관		한국에너지기술연구원		
	아인스월드		한국자수박물관		
			초전섬유퀼트박물관		

숙제를 돕는 사진

고창 판소리박물관

물과 물잔

판소리 공연 장면

판소리 공연 장면

판소리 공연 장면

판소리 공연 장면

숙제를 돕는 사진

돗자리

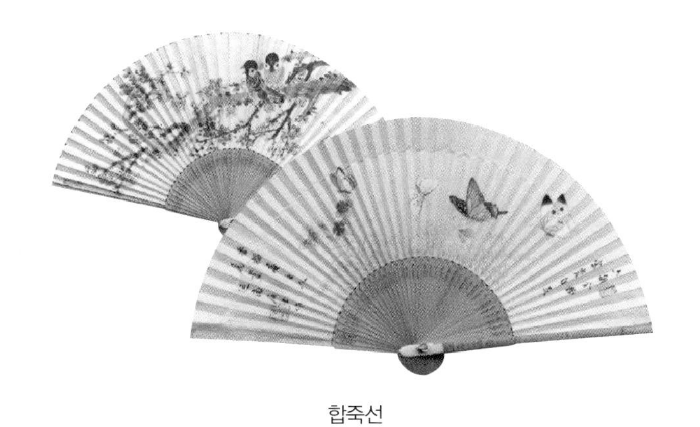

합죽선

흥보전

김소희 생가

신재효 고택

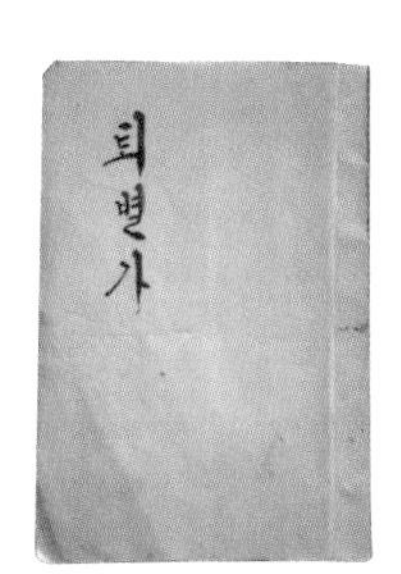

신씨가장본 퇴별가

신씨가장본 적벽가

신씨가장본 심청가

신씨가장본 박타령